Zum Thema

A. E. WILDER SMITH

TERRORISMUS:
Das kriminelle Gehirn

VERLAG SCHULTE + GERTH, ASSLAR

ISBN 3-87739-524-4
1. Auflage 1979
Umschlaggestaltung: Gisela Scheer
Umschlagfoto: dpa
Satz: Bechstein, Wetzlar
Druck: Ebner Ulm
Printed in Germany

INHALT

1

TERRORISMUS

Analyse des Terrorismusproblems in der BRD

Die Zeitung „Die Welt" (Nr. 83, Samstag, den 7. 4. 79, S. 3) veröffentlichte eine Umfrage zum Thema: „Ist die Generation der Eltern schuld am Terrorismus?" Die überwiegend bejahende Stellungnahme des Bundesjugendkuratoriums erwies sich als sehr umstritten. Allerdings war sie auch deshalb nicht ganz eindeutig, weil nur etwa die Hälfte der zwanzig Mitglieder bei der entscheidenden Sitzung des Kuratoriums anwesend war. Georg Juraschek von der Bundesvereinigung der Arbeitgeberverbände erhob Einspruch gegen die Passage, in der „der unbewältigten Vergangenheit der Erwachsenengeneration" eine wesentliche Mitschuld an der Entstehung des Terrorismus in der Bundesrepublik zugesprochen wird.

„Die Welt" nahm nun zu dieser Diagnose der Ursache des heutigen Terrorismus in Deutschland Stellung, wobei sie die Reaktionen verschiedener Politiker und Experten auf die Beurteilung des Bundesjugendkuratoriums veröffentlichte. Lothar Späth, Axel Wernitz, Walter Rasch, Karl Hillermeier, Eduard Pestel, Christoph Strässer, Hanna Renate Laurien, Professor Eugen Kogon, Ernst Waltemathe und Martin Schuhmacher äußerten sich in diesem Zusammenhang zur Frage des Terrorismus in der Bundesrepublik und in der modernen Welt.

Lothar Späth meinte, wenn die heutigen Jugendlichen auch durch die N.S.-Vergangenheit verunsichert seien, so wären sie doch zur offenen Diskussion bereit, auch ohne den Rückgriff auf Gewalt. Die junge Generation benutzt also geistige Mittel – oder möchte es jedenfalls –, um diese Probleme zu klären.

Späth betont mit Recht, daß das Problem heute international sei und nicht bloß die Bundesrepublik beträfe. Dabei dürfen wir allerdings nicht übersehen, daß einige der heutigen Politiker im In- und Ausland ihre politischen Karrieren als bewußte, gewalttätige Terroristen extrem linker Richtung begannen. Man muß dazu sagen, daß sowohl der extrem linke als auch der extrem rechte politische Flügel ihren Beitrag zum Terrorismus geliefert haben. Schon deshalb kann die N.S.-Vergangenheit nicht an allem schuld sein. Linksgerichtete heutige Politiker bewegten sich in früheren Jahren nämlich ebenso auf der Ebene von Terror und Gewalt. Sie benutzten beides in ihrem Kampf gegen die Nationalsozialisten. Dafür wurden sie unter deren Regime verfolgt und mußten teilweise ihr Land verlassen. Ihr Handeln hatte mit einer unbewältigten N.S.-Vergangenheit nichts zu tun, persönlich hatten sie diesen Abschnitt der Geschichte auf ihre Weise bereits bewältigt. Und Stalins und Lenins Gewalt- und Schreckenstaten lagen zeitlich lange vor denen des Nationalsozialismus.

Axel Wernitz (SPD) beurteilte die These der unbewältigten N.S.-Vergangenheit als Terrorismusursache ebenfalls skeptisch. Er sei eher der Überzeugung, so sagte er, daß das heutige demokratische System keine natürliche nationale Entwicklung darstelle – es sei als Folge des Krieges entstanden, und die Deutschen hätten deshalb als Volk keine echte Beziehung dazu. Das Provisorium „Bundesrepublik" besäße im Bewußtsein seiner Bürger keine gefühlsmäßige Verankerung, wie das bei anderen Staaten der Fall sei. Der Terrorismus in der Bundesrepublik sei vielschichtig begründet, und grundsätzlich habe er ohnehin mehrere Wurzeln und Ursachen.

Bei dieser Beurteilung von Wernitz muß man im Auge behalten, daß das System der Bundesrepublik von den Siegern des zweiten Weltkrieges bestimmt wurde, und daß dafür im Volk nicht die gleiche moralische Verankerung vorhanden war, wie das in den Vereinigten Staaten bei deren ähnlichem System der Fall war. Dort war nämlich aus dem Glauben der „Pilgrim Fathers", mit seiner Betonung der Gewaltlosigkeit von der Bergpredigt her, eine echte Demokratie erwachsen – auch wenn manches politische Versagen, Kriege und Gewalt in späterer Zeit dem nicht entsprachen und viel Schaden anrichteten. In Europa war durch die Reformation ein ähnlicher Ansatz geschaffen worden, doch hatte dieser als politische Entwicklung bedeutend weniger religiöse Durchschlagskraft als die der amerikanischen Väter. Die Ereignisse der letzten 250 Jahre haben diese amerikanischen und europäischen Ausgangssituationen weitgehend verwischt.

Walter Rasch (FDP) meinte, daß man es sich zu einfach mache, die Ursache des heutigen deutschen Terrorismus nur in einer unbewältigten Vergangenheit der Erwachsenen zu suchen. Bürger und Terroristen trügen die politische und moralische Verantwortung für ihr Handeln. Die Frage, die gestellt werden müsse, sei, ob es in den letzten Jahrzehnten Fehlentwicklungen gegeben habe, die den Boden für den Terrorismus vorbereitet hätten.

Karl Hillermeier (CSU) bezeichnete die Auffassung des Bundesjugendkuratoriums als abwegig. Die eigentliche Ursache des heutigen Terrorismus liege beim Verlust sittlicher Orientierungswerte und bei der Überbewertung des materiellen Wohlstandes. Außerdem hätten viele führenden Kräfte in der Bundesrepublik die Anwendung von Gewalt zur Lösung ihrer eigenen Probleme nicht ausgeklammert.

Eduard Pestel (CDU) hielt die These des Bundesjugendkuratoriums für „dummes Zeug". Die Ursache des heutigen Terrorismus liege vielmehr in der zunehmenden Auflösung der Familie durch die Entwicklungen in der Wohlstandsgesellschaft (wobei Stimmen laut werden, daß die Politik der SPD/FDP-Koalition diese Nichteinbeziehung von Gesichtspunkten zur Erhaltung der Familie bewußt oder unbewußt fördert, und zwar unter dem Deckmantel der Gleichberechtigung der Frau und des Kindes).

Pestel meint, daß psychisch gestörte Menschen – und das sind Terroristen häufig – zuviel Wohlstand und zu wenig Zuwendung, Liebe und Geborgenheit genossen hätten. Man muß hinzufügen, daß es dabei oft nicht nur an der Zeit fehlt, sondern auch an Kenntnis und Erfahrung, wie man seine Kinder in Liebe und gerechter Strenge erziehen kann. Das „Gewußt-wie" auf diesem Gebiet fehlt in unserer Gesellschaft seit einigen Generationen. Eine wirtschaftliche Lage, die es erforderlich macht oder begünstigt, daß eine Frau und Mutter mitverdienen muß, trägt sicher zu diesem Verlust an Familien-Know-how noch weiterhin bei.

Christoph Strässer, Vorsitzender der Jungdemokraten, sah die Ursache des Terrorismus im Auseinanderklaffen von Verfassungsanspruch und Verfassungswirklichkeit, was uns bei der Lösung des Problems nicht viel weiterhilft. Die sich aus der Verfassung ergebenden Ansprüche sind sicher berechtigt, die Kraft des Bürgers, ihnen nachzukommen, ist oft nicht vorhanden.

Hanna Renate Laurien (CDU), Kultusministerin von Rheinland-Pfalz, sah die Stellungnahme des Bundesjugendkuratoriums als gefährlich an, da die persönliche Verantwortung durch die Verlagerung der Schuld auf andere ersetzt und die freiheitliche Demokratie, die aus den schrecklichen Erfahrungen der Hitlerzeit erwachsen sei, als ein Kartenhaus unbewältigter Vergangenheit dargestellt würde. Der heutige Terrorismus habe viele Wurzeln und sei unter anderem das Ergebnis davon, daß wir unsere persönliche Verantwortlichkeit vor Gott aus unserem Leben gestrichen hätten.

Professor Eugen Kogon, der persönlich unter den Nationalsozialisten in deren Konzentrationslagern viel gelitten hat, sah die Stellungnahme des Bundesjugendkuratoriums als befremdend an.

Ernst Waltemathe (SPD) konnte keine Verbindung zwischen dem Sadismus der Jahre 1933-1945 und dem heutigen Terrorismus feststellen. Man kann keinen Menschen dazu zwingen, etwas zu sehen, das er nicht sieht oder nicht sehen will. Terror ist Terror, ganz gleich, ob ihn der Staat unter einem Hitler oder einem Breschnjew, einem Castro oder einem Mao ausübt, oder ob ihn die Baader-Meinhoff-Bande privat gegen Staat und Volk organisiert. Daß Menschen einander terrorisieren, ist eine verbreitete Erscheinung, ein Zeichen unseres Menschseins. Wenn man will, kann man natürlich zwischen dem staatlichen und dem „privaten" Terrorismus unterscheiden und über die Zusammenhänge zwischen beiden nachdenken.

Der Terrorismus entsteht und gedeiht in den Gedanken und Herzen der Menschen und muß von dort her behandelt werden. Die verschiedensten Umstände aus der Umwelt können den menschlichen Willen zur Auslösung von Terrorakten veranlassen. Die Frage ist, ob man Zusammenhänge zwischen den verschiedenen Ausbrüchen dieser „Krankheit" sehen und deshalb eine Therapie verordnen kann.

Zum Schluß äußerte sich *Martin Schumacher (FDP)* positiv zur Meinung des Bundesjugendkuratoriums.

Aus all diesen Stellungnahmen geht hervor, daß die Ansichten über das Wesen und die Hintergründe des heutigen Terrorismus sehr verschiedenartig sind. Wenn die beratenden Ärzte bei der Diagnose einer Krankheit unterschiedlicher

Meinung sind, wird eine korrekte Therapie schwer zu verschreiben sein. Eine sichere Diagnose ist die Voraussetzung einer wirksamen Heilbehandlung.

Wenn nun einige der führenden politischen „Ärzte" falsche Diagnosen zum Thema Terrorismus stellen, kann man von ihnen keine sinnvolle politische Therapie erwarten. Viele ihrer politischen Beurteilungen sind offensichtlich ideologisch gefärbt, so daß man sie kaum ernstnehmen kann. Es scheint sogar, als ob die heutigen Ideologien, wenigstens teilweise, diese schlimmen Erscheinungen selbst mit beeinflussen, denn extrem linke und extrem rechte Ideologen befürworten oft beide den Terror! Ideologisch festgelegte Menschen werden natürlich kaum erkennen und zugeben, daß gerade ihre Ideologien den Keim des Terrorismus in sich tragen. Es spielt dabei offenbar eine untergeordnete Rolle, ob sie politisch „links" oder „rechts" geprägt sind, denn beide Richtungen, sogenannte Christen und sogenannte Heiden, greifen zu Gewalt und Terror, wenn sie der Überzeugung sind, nur auf diese Weise *ihre* „guten" Gedanken verwirklichen zu können.

Die eigentliche Frage lautet, warum *der Wille* des Menschen in eine terroristisch-kriminelle Richtung geht, warum ein Mensch keine innere Disziplin hat, warum er nicht gelernt hat - und zwar von frühester Jugend auf - bewußt seinen eigenen Willen im Zaum zu halten. Warum packt ihn gegenüber denen, die ihn lieben und pflegen, der Zorn? Wenn man schon als Kind vom Vorbild der Eltern her erkennt, daß man Gerechtigkeit, Liebe und Geduld einfach braucht, um einigermaßen vernünftig in einer menschlichen Gesellschaft miteinander leben zu können, warum schiebt man diese Erkenntnis dann beiseite? Die Eltern respektierten Gott - wenigstens in der Vergangenheit - als Richter ihrer Gedanken und Taten. Das gab ihnen sicher mehr Kraft, als viele Glaubenslose heute besitzen,

11

die ihren eigenen Willen nicht mehr beherrschen können. Das gilt besonders dann, wenn auch ein Glaubender versucht ist, zu Gewalt und Terror zu greifen – nämlich in Stunden der Verzweiflung.

Weil nun unsere Kultur das Wissen darum verloren hat, daß es einen jenseitigen, aber allgegenwärtigen, allwissenden, gerechten Gott gibt, der das Beste für uns alle will, der aber jeden Menschen ohne Ansehen der Person beurteilt und richtet, kann der heutige Mensch seinen offenbar natürlichen Hang zur Gewalttätigkeit weit weniger beherrschen als früher. Wo die Ehrfurcht vor einem allmächtigen Gott der Liebe und der Gerechtigkeit schwindet, breitet sich der Terror aus. Stalin war Atheist und überzeugter Terrorist. Lenin und Marx auch. Hitler sprach sehr viel und oft von der „Vorsehung" – spottete aber über einen Gott der Liebe, der Gerechtigkeit und des Friedens. Darüber verfiel er selbst völlig der Gewalttätigkeit und baute einen Staat des organisierten Terrors auf. Was man im Herzen glaubt, das prägt einen – das gilt auch auf diesem Gebiet.

Obige Stellungnahmen übersehen einen wichtigen Faktor in der Entwicklung von organisiertem Terror in der Bundesrepublik. Dieser Umstand wird selten erwähnt – mir persönlich ist er in der Presse noch nie begegnet. Es handelt sich darum: Zur Zeit Adenauers und des Wirtschaftswunders unter Erhard lag es den Deutschen nahe, die Schrecken und Entbehrungen des Krieges und der Hitlerzeit in Vergessenheit geraten zu lassen. Einmütig arbeitete man, um die wirtschaftliche Not zu beseitigen und die zerschlagene Moral des Volkes wiederherzustellen.

Um dem moralischen und ideologischen Schaden aus der Zeit des nationalsozialistischen Regimes entgegenzuwirken und um der kommunistischen Ideologie, die im Hinblick auf die Anwendung von Gewalt und Terror der N.S.-Ideologie ähnelt, vorzubeugen, waren *Schulbücher ver-*

boten, die Gewalt und Terror verherrlichten. So war zum Beispiel Bert Brecht im Schulunterricht nicht zu finden. Kaum kam in einer wirtschaftlich blühenden Bundesrepublik Deutschland die SPD unter Willi Brandt an die Macht, da kam es zu Schulreformen, die vieles in eine andere Richtung trieben. Die Lektüre Bert Brechts gehörte nun zum Beispiel zum vorgesehenen Lehrstoff. Die Schulen wurden immer mehr von den Schülern und immer weniger von den Lehrern geleitet. Brechts „Maßnahme" verherrlicht und rechtfertigt Verrat, Mord und Totschlag im Interesse der Parteilinie. Sein „Baal" fördert freien, bestialischen Sex. So wurden die Dämme gegen Gewalt und moralischen Zerfall eingerissen, die Adenauer und seine Partei einmal aufgerichtet hatten. Zu gleicher Zeit überschwemmte das Fernsehen die Szene unserer Kinder und Jugendlichen mit amerikanischen Krimis, so daß die deutschen Kinder bald den amerikanischen nicht mehr nachstanden im Konsum von Mord und Gewalttat als Unterhaltungsstoff. Amerika litt schon lange unter steigender Kriminalität. Bald, und mit Hilfe ähnlicher Mittel, hinkte die neue Bundesrepublik hinterher. Es ist klar, daß ein Kind das nachahmt, was es im Fernsehen sieht, im Radio hört und in den Schulbüchern liest. Dem jungen Menschen liegt das Nachahmen nahe – so lernt er. Und so begannen die Jugendlichen unter dem Einfluß von Schule, Zeitschriften und Massenmedien das als Kultur zu betrachten, was ihre Eltern im Dritten Reich und vor allem im Krieg auf sehr bittere Weise kennengelernt hatten – und fürchteten. Die Eltern lehnten diesen „Lehrstoff" ab, weil sie an dem, was er darstellte, nahezu zugrunde gegangen waren. Den Kindern wurde nun das gleiche als Kultur vermittelt. Brechts „Baal" und „Die Maßnahme" sind klassische Beispiele dafür, und sein „Galilei" verdreht in beispielloser Weise die Geschichte zugunsten des Atheismus. Wenn nun von einer

13

führenden Partei einer Nation her Terror, Gewalt, wilder Sex und Verrat als Kultur angeboten werden, braucht man sich kaum darüber zu wundern, wenn die Jugend die Anwendung von Terror als fortschrittliche Lebensform auffaßt.

Wenn die Menschen den Glauben an alle Werte außerhalb von sich selbst verlieren, wird ihr von Natur böser Wille frei, das zu tun, was ihm gefällt. Ein eingebauter Hang zur Gewalt im menschlichen Willen verliert seinen Regelkreis (den Glauben an einen richtenden Gott), der ihn von der Vernichtung anderer und seiner selbst abhält. Wer Jacques Elluls Buch „Violence" kennt, weiß, daß er die Gewalt als die Grundlage aller Staaten der Welt bezeichnet. Gewalt ist notwendig, weil der Mensch selbst zur Gewalt neigt – es sei denn, daß ein außenstehender Regelkreis in Tätigkeit tritt, der ihn von Gewalt zurückhält.

Solange der Staat versucht, Gewalt durch Gewalt zu unterbinden, um eine gerechte Ordnung für diejenigen zu schaffen, die leben und leben lassen wollen, kann auf der Welt vorübergehend ein labiler Friede herrschen. Wenn aber der Staat auf nacktem Terror aufgebaut ist – wie es bei den kommunistischen und faschistischen Staaten der Fall ist – wie kann man dann staatlichen Terror erlauben und „privaten" Terror verbieten? Daher haben Staaten wie Libyen und die Palästinenser sowohl privaten als auch staatlichen Terror mit allen Mitteln unterstützt. Der überzeugte Faschist und der überzeugte Kommunist können privaten Terror konsequenterweise nicht ablehnen, weil der staatliche Terror für sie selbstverständlich ist.

Als Hitler an die Macht kam, bekämpfte er seine Gegner mit Konzentrationslager und Genickschuß. Als seine Machtstellung sich festigte, zeigte sich der Terror immer offener und unverschämter. Auch Lenin griff, als er an die Macht kam, zum organisierten Terror und ebenso Stalin nach ihm. Sie liquidierten ihre Gegner planmäßig mit Arbeitslager und Hinrichtungskommandos. Maos System zeigt die gleichen Spuren. Auch die Machthaber in der DDR verfolgen diesen Weg. Je mehr der Westen und die Bundesrepublik nachgeben, desto stärken fühlen sich die staatlich organisierten Terroristen und ihre Sympathisanten, und desto unerträglicher werden sie. Lord Acton sagte einmal, daß Macht korrumpiert und daß absolute Macht absolut korrumpiert. Macht läßt das, was im Herzen und Willen eines Menschen verborgen steckt, offenbar werden. Die moderne Technik hat den heutigen Terroristen mehr Macht gegeben denn je zuvor, so daß heute zwei von ihnen soviel bewirken können, wie früher eine kleine Armee von Soldaten zustande gebracht hätte. Aber der Terrorismus an sich ist keine neue Erscheinung – die Geschichte beweist das. Die moderne Technik erlaubt dem modernen Terroristen, seine Gewalttätigkeiten beinahe nach Belieben auszuüben, ohne daß er sich in große persönliche Gefahr begibt. Diese Technik hat den schon immer vorhandenen bösen Willen des unerlösten Menschen so bewaffnet, daß er in großem Maßstab Gewalt üben kann, wenn er nur gemein genug dazu ist.

Man kann der heutigen Welt die moderne Technik nicht mehr entziehen, sie ist nun einmal da. Sie stellt ihre Erzeugnisse dem guten und bösen Willen zur Verfügung. Wie kann man nun den Willen des alten, bösen Menschen so heilen, daß er fähig wird, mit moderner Technik umzugehen, ohne sich und anderen zu schaden und ohne Terror auszuüben? Sollte uns das nicht gelingen, gehen wir am Mißbrauch der eigenen modernen Technik zugrunde. Das Problem ist der kranke menschliche Wille.

Eigentlich handelt es sich um die alte sozialistische Frage: Wie erzeugen wir den neuen Menschen, der imstande ist, das Wohlstandsparadies auf Erden in Frieden zu bauen und dann auch zu *verwalten*? Verschiedene Ideologien haben die Menschen zu Gewaltanwendung und Terror erzogen und ausgebildet, um jeweils eine neue Ordnung unter ihnen auszurufen und einzurichten. Wie soll oder kann man aber nachher solche Menschen, die gelernt haben, für angeblich gute Zwecke Gewalt und Terror auszuüben, umerziehen, so daß sie die neue, vermeintlich bessere Ordnung dann ohne Gewalt und Terror verwalten können?

2

DIE HEUTIGE KRIMINALITÄT UND IHRE NÄHEREN ZUSAMMENHÄNGE

Steigende Kriminalität

Der politisch linke Flügel unserer Gesellschaft glaubt, daß der Marxismus mit Fakten arbeitet, wenn er den maßgeblichen Einfluß der gesellschaftlichen und wirtschaftlichen Umwelt auf menschliches Verhalten betont. Verbessert man nach dieser Ansicht die Gesamtschule, so bessert sich auch das menschliche Verhalten – so glaubt man. Demnach entstehen bessere Menschen dort, wo ein höherer Lebensstandard vorherrscht. Bildlich gesprochen heißt das, daß ein „Paradies" auf Erden menschliche „Engel" erzeugt.

Wenn also Kriminelle ein schlechtes, asoziales Verhalten aufweisen, dürften bessere Umweltbedingungen in der Gesellschaft, und natürlich auch in den Gefängnissen, die Kriminalität innerhalb und außerhalb der Gefängnisse zum Verschwinden bringen. Die Geschichte der vergangenen 50 Jahre hat aber den Soziologen, die diese These vertreten, einen kräftigen Schock versetzt. Denn ohne Zweifel leben heute die meisten Menschen – wenigstens im Westen – unter viel besseren Umweltbedingungen als in früheren Jahren. Sie arbeiten weniger und verdienen dafür mehr, und ihre Arbeitsbedingungen sind insgesamt günstiger als früher. Sie haben ein gepflegtes, gemütliches Zuhause und wenn sie arbeitslos sind, gewährt der Staat ihnen eine Unterstützung. Niemand muß – wenigstens im Westen – hungern oder frieren.

Im Osten dagegen müssen praktisch alle – außer einer privilegierten Oberschicht – bedeutend länger und für niedrigere Löhne arbeiten. Trotzdem ist festzustellen, daß die Kriminalität unter den freundlicheren westlichen Umweltbedingungen eher noch stärker wächst als anderswo. Länder, die im Hinblick auf ihren Lebensstandard an der Spitze stehen, weisen oft eine „Höchstleistung" an brutalster Kriminalität auf. Als Beispiel seien hier die Vereinigten Staaten von Amerika aufgeführt, die bei sehr hohem Lebensstandard zur gleichen Zeit eine wohlorganisierte, nicht auszurottende Mafia besitzen. In der Bundesrepublik Deutschland mit ihren wohlhabenden, international organisierten Terroristen sieht es nicht sehr viel anders aus.

Wenn aber die Umwelt eine so große Bedeutung für menschliches Verhalten hat, wie viele Ideologen heute behaupten, dann fragen wir uns, warum diese sozialen Probleme gerade dort auftauchen, wo man sie aufgrund dieser linken Thesen nicht erwarten dürfte. Im Westen wenigstens geht es den Menschen physisch und gesellschaftlich heute sehr viel besser als vor hundert Jahren. Und doch vermehrt sich auch das asoziale Verhalten überall dort, wo die menschliche Umwelt sich erfreulicher gestaltete. Warum ist das so?

Noch beunruhigender ist die Tatsache, daß selbst der Ostblock, der die Bedeutung der Umwelt im Hinblick auf das menschliche Verhalten wohl am stärksten vertritt, ähnliche Erfahrungen macht. Man versucht dort erfreulicherweise ernsthaft, den Lebensstandard zu erhöhen. Als parallele Entwicklung aber hat man gegen zunehmende Kriminalität anzukämpfen. Die kommunistische Führung bemüht sich intensiv um die Erzeugung des „neuen sozialistischen Menschen", der bisher trotz steigender Lebensqualität noch nicht erkennbar ist. Das Schicksal des Sozialismus ist von der Lösung gerade dieses Problems abhängig. Kein Staat – nicht einmal ein sozialistischer – kann mit kriminellen Bürgern ein Paradies auf Erden aufbauen. Die

Gleichung: bessere Umwelt = bessere Menschen geht nicht auf, und es ist ein vordringliches Problem für Soziologen und Sozialisten, eine Antwort auf die Frage zu finden: Wie verwirklicht man einen höheren Lebensstandard, ohne zur gleichen Zeit eine Welle steigender Kriminalität auszulösen?

Es wäre an dieser Stelle langweilig und auch unnötig, statistische Angaben über die steigende Kriminalität anzuführen. Die Tageszeitungen haben in dieser Hinsicht ihre publizistische Aufgabe gut erfüllt. Was hier erwähnt werden muß, ist eine weniger bekannte Folge der Bemühungen westlicher Länder, die Umwelt und den Lebensstandard der Entwicklungsländer zu verbessern. Die Kriminalität in diesen Ländern war bisher unbedeutend. In der Türkei zum Beispiel übt man noch die Blutrache aus, die in Mord und Totschlag endet. Solche Kriminalität hat es dort immer gegeben – sie ist teilweise religiös bedingt. Wahrscheinlich wird sie dort immer zu finden sein, solange gewisse islamische Bräuche gelten, ganz gleich, zu welcher politischen Richtung die dort regierenden Parteien gehören. Wenn man aber das Land industrialisiert und damit echter Wohlstand aufkommt – wie wird sich das auf die dortige allgemeine Kriminalität auswirken? Die verweichlichten Menschen der sogenannten christlichen, westlichen Wohlstandsgesellschaft können schon brutal genug werden, wenn Kriminalität und Terror sich durchsetzen. Wie aber wird sich die Kriminalität in der islamischen Welt entwickeln, wenn die Lebensbedingungen verändert werden? Mitmenschlichkeit ist keine ausgeprägte Eigenschaft des Islam, obwohl die Muselmanen außerordentlich gastfreundlich sein können. Es gibt Menschen, die ursprünglich in der westlichen humanistischen Tradition erzogen wurden, die dann aber als Terroristen Unschuldige mit Maschinengewehren auf der Straße niedermähten oder einen Schleyer kaltblütig und grausam ermordeten, nachdem sie einige Wochen mit ihm in einem Versteck zusammengelebt hatten. So etwas war möglich, obwohl sie zu Hause vielleicht noch mit den Lehren der Bergpredigt bekannt gemacht worden waren. Was wird aber dann erst aus denjenigen, die die Humanität einer Bergpredigt nie gekannt haben, wenn diese in den Sog der Wohlstandsgesellschaft geraten? Man sieht diese Entwicklung in Rhodesien, wo Terroristen, vom Weltkirchenrat finanziell unterstützt, mit russischen SAM-Raketen Verkehrsflugzeuge abschossen, wobei Hunderte von völlig unschuldigen und unbeteiligten Passagieren einen grausamen Tod fanden.

Bei der Beurteilung solcher Entwicklungen in der dritten Welt muß man bedenken, daß die Terroristen, die solche Greueltaten verüben, sie nie ausführen könnten, wenn sie einen harten Existenzkampf zu führen hätten, wie er eigentlich „normal" für solche Länder wäre. Ihre als Kampf für Freiheit und Recht getarnte Kriminalität können sie nur ausüben, wenn die Wohlstandsländer ihnen Geld und Waffen zur Verfügung stellen, oder wenn sie sich beides mit Gewalt aneignen. Wer die näheren Umstände dieses „Freiheitskampfes" nicht genau kennt, läßt sich davon vielleicht beeindrucken. Man sollte aber bedenken, daß diese „Freiheitskämpfer" – nach ihrem Sieg – in den von ihnen eroberten Ländern oft so viel „Freiheit" für das Volk gewähren, daß Tausende täglich mit allen Mitteln versuchen, aus diesen neuen, von Terroristen erschaffenen „Paradiesen" zu entkommen – selbst unter Lebensgefahr. Zehntausende von Negern flüchten jährlich über die Grenze von Mozambique und Angola nach Südafrika. „Apartheid" ist für diese armen Menschen noch ein erstrebenswerter Zustand, verglichen mit dem „Paradies", das kriminelle Terroristen unter dem Motto eines Kampfes für die Freiheit aufgerichtet haben. Das gleiche gilt für Kuba, Rußland, China, Vietnam und die DDR.

Hat die steigende Kriminalität irgendeine Beziehung zur menschlichen Genetik? Die Marxisten sind der Überzeugung, daß die Umwelt für die menschliche Entwicklung absolut maßgeblich sei, während die Faschisten die Genetik für ausschlaggebend halten. Erwiesen ist heute, daß eine sich ändernde Umwelt menschliches Verhalten beeinflussen kann. Könnte eine sich ändernde menschliche Genetik vielleicht auch eine Rolle bei der steigenden Kriminalität spielen?

Obwohl Mutationen die Genetik aller Lebewesen beeinflussen können, scheinen die Genpools (allgemeine genetische Reservoire) der Völker relativ konstant zu bleiben. Sicher vermehrt sich durch Mutationen der genetische Ballast ständig. Gewisse Chemikalien und ionisierende Strahlen beeinflussen die Mutationsgeschwindigkeiten. Die Kriminalitätswelle im Westen scheint aber einen bestimmten, ständig wachsenden Trend aufzuweisen, der wahrscheinlich mit einem mutmaßlichen *genetischen* Trend wenig zu tun hat. Kurz gesagt: kein Soziologe würde wohl zu behaupten wagen, daß in den USA gleichzeitig mit dem seit Jahren steigenden Kriminalitätstrend auch ein genetisch bedingter Trend zu vermehrtem asozialen Verhalten parallel läuft. Und niemand würde annehmen können, daß ein solcher mutmaßlicher genetischer Trend nur in Ländern aufträte, die einen hohen Lebensstandard besitzen! Denn damit hätte man zum Ausdruck gebracht, daß die Umwelt nicht nur *Punkt*mutationen, sondern auch *Programm*trendänderungen im genetischen Gut hervorrufen kann. Eine solche Behauptung würde aber große informationstheoretische Schwierigkeiten mit sich bringen.

Man kommt zu dem Schluß, daß das Steigen des materiellen Lebensstandards, wie man es bei der fortschreitenden Industrialisierung der Welt beobachtet, oft mit steigender Kriminalität oder mit asozialem Verhalten gekoppelt ist. Im Westen sind gerade die deutschen Terroristen am meisten gefürchtet, weil sie zu den intelligentesten, rücksichtslosesten und raffiniertesten gehören. Dabei besitzt die BRD im Vergleich zu anderen Ländern Westeuropas und der Welt einen besonders hohen Lebensstandard. Merkwürdigerweise arbeiten die deutschen Terroristen mit asozialen Elementen aus einem ebenfalls hochentwickelten Land, nämlich Schweden, eng zusammen. Ein Zentrum terroristischer Aktivitäten befindet sich also nicht nur in der Bundesrepublik. Auch die reichen Ölländer bieten diesen Elementen Unterschlupf und Geld. Bemerkenswert ist die geringe Quote von Terroristen in ärmeren Ländern wie Indien oder Pakistan. Auffallend ist ebenfalls, daß die überaus reiche amerikanische Stadt Chicago jahrzehntelang Sitz der Mafia gewesen ist. Sicher steckt ein allgemeiner Hang zur Kriminalität im menschlichen Erbgut. Doch bietet der Wohlstand dem zur Kriminalität neigenden Menschen Zeit und Mittel zur Entfaltung und Ausübung dieser Tendenz. Es besteht ein Zusammenhang zwischen Wohlstand und Terror.

Geschichte der Kriminologie

Caesare Lobroso, der italienische Kriminologe des 19. Jahrhunderts, nahm an, daß Kriminelle atavistische Reversionen seien – d.h. Menschen, die eine Rückentwicklung zu unseren mutmaßlichen tierischen Vorfahren, den Affen, darstellen. Im kriminellen Verhalten äußert sich also heute angeblich unsere tierische Herkunft. Moderne Kriminologen würden eine solche Hypothese kaum unterstützen, dazu ist die Angst vor dem Gespenst des sozialen Darwinismus unter denkenden Menschen viel zu groß. Viele Akademiker sind sogar zu dem Schluß gekommen, daß die Tiere, die unsere Vorfahren sein sollen, sich oft weniger asozial verhalten als der heutige Mensch! Wir wissen zwar etwas davon, daß Schimpansen Kannibalismus ausüben können und unter Umständen ihre eigenen Babys fressen, doch kommt das relativ selten vor.

Die Hypothese einer atavistischen Reversion des Menschen, mit deren Hilfe man sein asoziales Verhalten erklären könnte, wird heute in den meisten unterrichteten Kreisen entschieden abgelehnt. Moderne Soziologen vertreten eher den Standpunkt, daß Kriminelle in Wahrheit kranke Menschen sind, die für ihr asoziales Verhalten kaum verantwortlich sind. So wie man einen krebskranken oder einen psychotischen Menschen für seine Krankheit und deren Folgen nicht zur Rechenschaft ziehen kann, sie nicht für ihre Krankheit bestrafen darf, ebenso wenig darf man nach der heute gültigen Überzeugung der Soziologen einen Menschen, der an der „Kriminalitätskrankheit" leidet, für diese Krankheit und ihre Folgen haftbar machen und bestrafen. Bis die Ursachen solcher Krankheit entdeckt sind und man gelernt hat, erfolgreich dagegen anzugehen, muß man Kriminelle so gut wie möglich behandeln und sie so unterbringen, daß sie andere Menschen möglichst wenig belästigen. Zu gleicher Zeit hofft man, daß es eine spontane Rückentwicklung dieser mysteriösen Krankheit geben wird! Unter keinen Umständen aber darf man einer Krankheit – und darum auch nicht der „Kriminalitätskrankheit" – mit Strafmaßnahmen begegnen. Das ist der heute allgemein vertretene Standpunkt vieler Soziologen.

Ist Kriminalität aber wirklich eine Krankheit im obigen Sinn? Der linke Flügel unserer Politik vertritt die Meinung, daß die Umwelt die Kriminalität produziert – was zum Teil auf Wahrheit beruht, wie wir später feststellen werden. Der rechte politische Flügel meint dagegen, daß die Entwicklung der Kriminalität vom Genpool aus bestimmt wird.

Beide Richtungen werden wir jetzt prüfen, um festzustellen, inwieweit die Umwelt und der menschliche Genpool an diesem heutigen Kriminalitätsphänomen beteiligt sind – und inwieweit es sich wirklich um eine Krankheit (wie zum Beispiel Kleptomanie) handelt.

3

NEUERE STUDIEN ÜBER KRIMINALITÄT

Samuel Yochelson und Stanton Samenov

Samuel Yochelson und Stanton Samenov, zwei nordameri-
kanische Psychiater, führten mehr als 14 Jahre lang eine
Studie an Kriminellen durch, die im St. Elizabeth's Hospital
inhaftiert waren. Die Resultate dieser bahnbrechenden
Arbeit sind in drei Bänden unter dem Titel „Die kriminelle
Persönlichkeit" in den Vereinigten Staaten erschienen.

Alle Insassen dieser Anstalt waren wegen Verbrechen
abgeurteilt worden, doch galten alle als im juristischen Sinn
unschuldig, weil sie als unzurechnungsfähig angesehen
und eingestuft worden waren. Das amtliche Urteil lautete:
„Not Guilty by Reason of Insanity" (Nicht schuldig wegen
Irrsinn)! – abgekürzt NGBRI. Die meisten untersuchten
„Patienten" waren Farbige, und alle waren Männer.

Zuerst versuchte Yochelson viele Jahre lang, seine
Patienten mit den üblichen psychiatrischen Methoden zu
behandeln, was aber nur zu beiderseitiger Frustration führ-
te. Nach Yochelsons eigenen Worten waren die Ergebnisse
oft verheerend. Diese Art der gebräuchlichen Therapie
brachte keine gebesserten, normalen Menschen hervor,
sondern nur Kriminelle, die eine verhältnismäßig tiefe psychiatrische Einsicht in ihre eigene Kriminalität erworben
hatten. Ihre „Krankheit" war keineswegs geheilt. Im Gegen-
teil, ihre durch die Behandlung neu gewonnenen psycholo-
gischen Erkenntnisse machten sie für die übrige Mensch-
heit noch gefährlicher als vorher. Sie hatten schnell begrif-
fen, daß sie für die eigenen Taten in Wirklichkeit nicht ver-

antwortlich gemacht werden konnten. Die Gesellschaft, in der sie erzogen wurden, war ganz allein oder doch zum weitaus größten Teil an ihrem kriminellen Tun schuld. Wenn nun die Gesellschaft für den kriminellen Zustand verantwortlich und somit an der ganzen Misere schuld ist, dann leuchtet es ein, daß solche „Opfer" der Gesellschaft immer mehr Erleichterungen von der sie verurteilenden Umgebung verlangen, und zwar ohne jegliche Gegenleistung. Gefängnisse müssen mehr und mehr Hotel- oder Krankenhauscharakter bekommen, wo alle von der Gesellschaft verschuldeten „Krankheiten" geheilt werden. Die Kriminellen (d.h. die Kranken) brauchen Radios, Fernsehen, bessere Verpflegung, Tabak, Privatgespräche mit ihren Anwälten (um weitere Verbrechen bequemer planen zu können) und Telefone für die Verbindung mit der Außenwelt und mit ihren Haftgenossen. Man fragt sich natürlich, warum sie überhaupt mit Anwälten reden dürfen, wenn sie im übrigen als unzurechnungsfähig gelten. Was sich als Folge einer solchen sozialistischen Lehre ergibt, ist klar. Die Schwierigkeit bei einer solchen Hypothese, daß der Kriminelle nicht in Wirklichkeit kriminell, sondern nur krank ist und die kapitalistische Gesellschaft schuld an dieser „Krankheit" ist, besteht nur darin, daß die sozialistische marxistische Gesellschaft an den gleichen Symptomen leidet. Auch im Ostblock steigen die Ziffern krimineller Delikte.

Eine Gesellschaft, die unter solchen Kriminellen (sprich „Kranken") leidet, in der es Mord, Vergewaltigung, Banküberfälle, asoziales Verhalten und so weiter gibt, muß, wenn sie gerecht sein will, Wiedergutmachungsmaßnahmen ergreifen, um ihre Opfer zu entschädigen. Sie trägt ja die Schuld an dieser Krankheit. Und man befindet sich in einem kapitalistisch-sozialen Staat, der seine Bürger von der Wiege bis zum Grab versorgt, auch wenn sie diesen Staat unterminieren. Die Gesellschaft muß für die Folgen der „Krankheit" aufkommen, nicht der „Patient".

Auf Yochelsons Resultate werden wir später zurückkommen müssen. Zuerst wollen wir den Einfluß der Umwelt auf menschliches Verhalten ein wenig untersuchen.

Kriminalität und Umwelt

Es ist heute allgemein anerkannt, daß die Umwelt einen starken Einfluß auf die menschliche Gesellschaft ausübt. Wo in Großstädten eine ganz bestimmte Umwelt vorherrscht, da ist für die Soziologen klar, daß auch die Kriminalität steigt. Die Stadt Liverpool in England hat vor etwa 15 Jahren unter anderem zwei große Wohnsilos erbaut, um die Wohnungsnot in der Stadt zu lindern. Heute sind diese beiden Betonblöcke derart starke Kriminalitätsherde geworden, daß die Stadtverwaltung erwägt, beide relativ neuen Gebäudekomplexe in die Luft zu sprengen. Die durch diese schrecklichen Hochhäuser geschaffene Umweltsituation hatte also eine Auswirkung auf die Kriminalität. Offensichtlich ist die menschliche Genetik für die Disposition zur Kriminalität nicht allein verantwortlich. Eher scheint es so, daß die Umwelt *latente* Kriminalität in *offene* verwandelt, sie scheint einen eingebauten Trend zum asozialen Verhalten hin auslösen zu können. Die Liverpooler Stadtverwaltung sieht keine andere Möglichkeit zur Lösung des Problems mehr als die Beseitigung des kriminellen Herdes durch Sprengung der Wohnblöcke.

In dem angeschnittenen Fragenkomplex spielt also tatsächlich die Umwelt eine kritische Rolle. Allerdings muß man auch noch andere Seiten sehen. Man darf nicht vorschnell schließen, daß die Umwelt allein ausschlaggebend für die Entwicklung oder die Überwindung krimineller Tendenzen ist. Es steht zwar fest: eine ungünstige Umwelt kann zu offener Kriminalität führen. Steht es aber genauso fest, daß eine „bessere" Unwelt die Menschen, die eine latente Disposition zur Kriminalität besitzen, von offener Kriminalität abhalten kann? Wirkt die Umwelt also bei der Entwicklung charakterlicher Trends zum „Guten" wie auch zum „Bösen"?

Einige der führenden heutigen deutschen Terroristen stammen aus sehr guten Verhältnissen. Einige sind praktizierende Juristen und Rechtsanwälte gewesen und haben doch Gewalttaten, Morde, Entführungen und Banküberfälle organisiert. Nach der marxistischen Hypothese vom ausschlaggebenden Umwelteinfluß wäre damit zu rechnen gewesen, daß die Umwelt zum Beispiel eines praktizierenden Juristen einen antikriminellen Einfluß auf ihn ausgeübt hätte.

Wo liegt nun die Ursache von Kriminalität und Terrorismus? Die Umwelt scheint sehr verschiedenartige Wirkungen im Hinblick auf die Entwicklung von Kriminalität ausüben zu können. Es gibt Juristen und Pfarrerskinder, die Terroristen wurden, aber auch die Wohnsilos von Liverpool brachten eine starke Kriminalität hervor.

Ursprung des Terrorismus – Versuch einer Diagnose

Die bereits kurz erwähnten Studien Yochelsons und Samenovs führen zu dem Schluß, daß Kriminelle von Kind auf anders geprägt sind als normale Menschen. Doch kann man auch sie nach Yochelsons und Samenovs Überzeugung durch feste, durchgreifende psychiatrische Erziehung dazu bringen, ihre Wege grundlegend zu ändern. Gewisse Kinder besitzen einen stärkeren Hang zur Kriminalität als andere. Wo solche gefährdeten Kinder die Möglichkeit haben, sich mit ihrem Hang zur Kriminalität durchzusetzen, werden sie sich kriminell progressiv entwickeln. Je stärker dieser Hang ist, desto intensiver und tiefer muß die Erziehung ansetzen, um ihn in der Kindheit schon im Keim zu erstikken. Andere Kinder haben weniger Neigung in dieser Richtung. Sie brauchen eine weniger strenge Erziehung, um den kriminellen Trend zu überwinden. Die Neigung zur Kriminalität und zum asozialen Verhalten ist von Fall zu Fall, von Kind zu Kind, verschieden und ist auch abgestuft. Es gibt im menschlichen Charakter ein weites Spektrum krimineller Dispositionen. Einige neigen stark in diese Richtung, andere weniger. Doch ist jedem Menschen ein gewisser Hang zum asozialen Verhalten angeboren, und deshalb braucht auch jeder eine korrigierende, individuell angepaßte Erziehung.

Diesen kriminellen Hang kann man an gewissen eindeutigen Merkmalen, meist schon am Kleinkind, erkennen. Manche Kinder entwickeln unter durchschnittlichen Umweltbedingungen sehr früh ein kriminelles Verhalten. Die Genetik scheint dieser Neigung zu bestimmten und die Umwelt scheint ihre Entwicklung oder Unterdrückung zu bedingen. Die Erziehung des Kleinkindes muß also bewußt an seine Veranlagung angepaßt werden, wenn man die Gesellschaft vor Kriminalität und Terrorismus schützen will. Zu oft werden die entsprechenden Symptome am Kleinkind weder verstanden noch erkannt, weil die heutige Psychiatrie das Zusammenspiel von Genetik und Umwelt zu wenig berücksichtigt.

Yochelson und Samenov untersuchten nicht nur das äußere Verhalten der inhaftierten Kriminellen, sondern sie analysierten auch viele Jahre hindurch deren innerste Denkprozesse. Erst nachdem sie diese erkannt und verstanden hatten, entwickelten die beiden Forscher eine Behandlungsmethode. Der zweite Band der erwähnten Trilogie beschreibt diese Therapieversuche. Im dritten Band geht es im besonderen um die Behandlung Krimineller, deren

Therapie sich noch schwieriger gestaltete, weil sie außerdem drogenabhängig waren.

Gewisse Akademiker stehen Yochelsons und Samenovs Studien skeptisch gegenüber, weil sie angeblich wissenschaftlich nicht gründlich genug seien. Man wirft den beiden Psychiatern vor, daß sie die eigentlichen Ursachen kriminellen Verhaltens zu wenig aufgedeckt hätten. Man sollte solche bahnbrechenden Arbeiten nicht auf diese Weise abwerten, denn Yochelson und Samenov beschreiben ihre Fälle so genau, daß es dem Sachverständigen sofort klar werden muß: die Grundursache der Kriminalität liegt weniger in der Umwelt des Kriminellen, als in dem Einfluß dieser Umwelt auf sein Erbgut und vor allem auf seinen Willen und auf seine Denkprozesse. Diese Erkenntnis bedeutet einen großen Fortschritt für das Verständnis von Ursache und Entstehung der Kriminalität. Eine geeignete Umwelt kann, besonders in früheren Jahren, den Willen und das Verhalten des Kindes wesentlich beeinflussen. Wenn aber die Umwelt kriminell gefährdeter Kinder (das sind Kinder, die von Natur aus zu kriminellem Verhalten neigen) durch gezielte Erziehung ergänzt wird, dann ist es nach Yochelson und Samenov durchaus möglich, solche Kinder von ihrem Hang zur Kriminalität teilweise oder gar ganz zu befreien. Je stärker solch ein Hang des Kindes ist und je länger man ihm nachgegeben hat, desto schwieriger ist es, durch eine geeignete Erziehung eine Besserung zu erzielen. Je früher man mit der Erziehung beginnt, desto größer sind die Aussichten auf Erfolg.

Die Grenze zwischen dem kriminell veranlagten und dem nicht kriminell veranlagten Kind ist durchaus fließend. Einige Menschen sind wenig gefährdet, andere so stark anlagemäßig belastet, daß die Lage fast hoffnungslos ist. Man muß jedes Kind individuell beurteilen und entsprechend behandeln. Sehr ungünstige Umweltverhältnisse können fast jeden Menschen zu einer kriminellen Tat verleiten. Das weiß man heute fast in jedem zivilisierten Land. Die Härte und Ungerechtigkeit eines Konzentrationslagers zum Beispiel treibt nahezu jeden zu asozialem Verhalten. Und die Steuergesetze mancher Länder bringen für viele Menschen derart belastende Verhältnisse mit sich, daß es oft schwierig ist, damit fertig zu werden, ohne daß man zum Steuerhinterzieher wird. Es gibt Gesetze, die in ihrem Umfang und dem Anspruch des Staates derart erdrückend sind, daß mancher sonst unbescholtene Bürger irgendwo und irgendwann damit in Konflikt gerät. Wenn solche Menschen durch ungerechte Gesetze zu gesetzeswidrigem Verhalten erzogen worden sind, besteht eher die Gefahr, diese Haltung auch auf anderen Gebieten an den Tag zu legen. So treibt man selbst den kaum dazu veranlagten Menschen durch eine entsprechende Umwelt zum „asozialen" Auftreten. In den meisten sozialistischen (nicht nur marxistischen) Ländern ist eine solche moralische Unterminierung des Volkes in vollem Gang.

Gründe für die Diagnose

Fassen wir Yochelsons Schlüsse zusammen: Die sozialen Hintergründe der von den beiden Psychiatern untersuchten Gefangenen sind sehr verschiedenartig. Einige stammten aus sehr guten Verhältnissen, andere aus sozial tiefstehenden Familien und Stadtvierteln. Das brachte die beiden Psychiater zu dem Schluß, daß soziale Umwelt und Erziehung für die kriminelle Entwicklung eines Menschen nicht allein ausschlaggebend sein können. Es müssen noch andere wichtige Faktoren dabei eine Rolle spielen. Gewaltverbrecher sind grundsätzlich und in psychologischer Hinsicht anders gelagert als andere Verbrecher, zum Beispiel Sexualverbrecher. Fast immer sind die verschiedenen Verbrechen vorher durchdacht worden, und der Täter hat mit der Idee der Durchführung gespielt. Die Durchführung selbst hängt von den Gelegenheiten ab, die sich jeweils ergeben.

Nach Yochelsons und Samenovs Erfahrungen sind auch Verbrechen, die zunächst impulsiv aussahen, in Wirklichkeit meist vorausgeplant. Sie sind oft vorher in Gedanken eingehend und genau durchgespielt worden. Hartgesottene Kriminelle folgen dabei durchaus nicht immer den Normen ihrer sozialen Hintergründe. Sie folgen ausschließlich ihren eigenen Denkprozessen, die sie dann im Verbrechen verwirklichen. Sie gehorchen ihren eigenen Gedanken und vor allem ihrem eigenen Willen. Vor jeder Tat steht ihr gedanklicher Vollzug.

Christus hat es uns schon vor zweitausend Jahren gelehrt, was nun Ergebnis modernster psychiatrischer Forschung ist: „Denn aus dem *Herzen* kommen böse Gedanken, Mord, Ehebruch, Unzucht, Diebstahl, falsches Zeugnis, Lästerung. *Das ist es, was den Menschen verunreinigt"* (Matthäus 15, 19).

Ein Verbrecher begeht seine Taten zuerst in Gedanken, und dann setzt er in die Praxis um, was seine Vorstellungswelt beschäftigte. Dabei trifft er eine eindeutige Wahl, er betätigt seinen Willen. Das Zentrum des Verbrechens ist also primär im Ego verwurzelt, in der Gedanken- und Vorstellungswelt, und bei der Ausübung ist der Wille des Täters aktiv beteiligt.

Erfahrene Verbrecher haben sich oft schon in frühester Kindheit bewußt in Gedanken mit kriminellen Dingen beschäftigt. Häufig gehören sie zu jener Art von Kindern, die schon sehr früh elterliche Liebe schroff ablehnen. Schuleschwänzen gehört für sie dazu. Meist sind sie aber anderweitig äußerst aktiv, ein normales Leben wäre ihnen zu „langweilig". Dabei finden solche Kinder immer wieder

Gesinnungsgenossen und Gleichaltrige, wenn ihnen auch normale zwischenmenschliche Beziehungen oft fremd sind. Sie sind mehr Einzelgänger. Wenn sie aber mit anderen Kindern zusammen sind, nutzen sie sie bewußt, erbarmungslos und hartnäckig aus. Das zwischenmenschliche Verhältnis ist auf Macht aufgebaut und spielt sich zum Beispiel im finanziellen oder auch sexuellen Bereich ab.

Auch in seinem gesetzeswidrigen Tun verhält sich der Kriminelle im Grunde genommen als Einzelgänger, der aber unbedingt allen anderen Verbrechern überlegen sein möchte.

Wenn man unter diesem Gesichtspunkt die Kindheit und die Jugendjahre Bert Brechts untersucht, findet man manche erschreckenden Parallelen. Man braucht sich nicht zu wundern, daß Bert Brecht Texte wie „Die Maßnahme" schrieb. Seine Kindheit, die ablehnende Haltung gegenüber Eltern und Erziehern, sein Ehrgeiz und seine Arroganz im Verhältnis zu anderen Kindern und seine brutale Haltung in sexueller Hinsicht lassen auf eine Art Kriminalität schließen, die nur im Interesse der marxistischen Partei bewußt oder unbewußt sublimiert wurde.

Kriminelle werden leicht zornig – aber ebensosehr sind sie von Angst geplagt. Sie fürchten beständig, bei ihrem kriminellen Tun erwischt zu werden.

Außerdem sorgen sie sich um ihre Gesundheit und um ihr äußeres Auftreten. Diese Sorge um das Image kann manchmal zu einer Manie werden (siehe Bert Brecht).

Kriminelle sind auch meist sehr anmaßend und Kritik können sie kaum vertragen.

Die Kriminellen, die Yochelson und Samenov viele Jahre lang untersuchten, lügen ebenso selbstverständlich wie sie atmen. Lügen gehört für sie einfach zum normalen Leben. Dabei können sie gleichzeitig mit Nachdruck behaupten, durchaus ehrliche und rechtschaffene Bürger zu sein. Für sie ist eben nur das, was ihnen im Augenblick dient, wahr, ehrlich und richtig. Ihr Bewußtsein ist so eingeschränkt, daß sie keinerlei wahre, unabhängige Selbsterkenntnis besitzen – nicht einmal in dem Augenblick, in dem sie gerade von einer Lüge überführt werden.

Obwohl Kriminelle eiskalt, gewalttätig und rücksichtslos sein können, sind sie in der Lage, ebenso rasch und gründlich auf Sentimentalität umzuschalten. Brutalität und Tränen können unmittelbar aufeinander folgen.

Die sorgfältig zusammengetragenen Befunde der 255 Schwerverbrecher, die die beiden Psychiater 14 Jahre lang untersuchten und behandelten, können folgendermaßen zusammengefaßt werden: Die untersuchten NGBRI-Kriminellen sind alle sehr aktive Menschen, die sich wie Seiltänzer zwischen der Wirklichkeit und Wolkenkuckucksheim bewegen. Daneben sind sie zu jedem Trick und zu jedem Vertrauensbruch bereit. Sie leben davon, daß sie andere hereinlegen, sind Gauner *par excellence*. Oft verhalten sie sich dabei erfinderisch, geschickt, ausweichend und vertuschend, sind übernormal wachsam und unberechenbar. Es fehlt ihnen jede wertvolle menschliche Charaktereigenschaft. Vom medizinischen Standpunkt aus war aber kein einziger Patient psychotisch oder schizophren, obwohl sie mit der Diagnose „undifferenzierte Schizophrenie" (NGBRI) abgeurteilt worden waren. Sie sind ein Gemisch aus Widersprüchen verschiedenster Art und wechseln die Stimmung von einem Augenblick zum anderen, je nach der augenblicklichen Situation.

4

EIN THERAPIEVERSUCH

Yochelsons und Samenovs Diagnose

Yochelson und Samenov sind nach langjähriger, prakti-
scher Erfahrung mit Schwerverbrechern zu dem Schluß
gekommen, daß es nur eine Methode gibt, Kriminelle dieser Art zu verstehen. Man muß ihre innersten Denkprozesse erkennen. Sie vertreten außerdem die Überzeugung,
daß alle Menschen mehr oder weniger ähnliche kriminelle
Denkvorgänge aufweisen – je nach ihrer Veranlagung und
ihrer Erziehung im jugendlichen Alter. Die beiden Psychiater sind der Überzeugung, daß alle Kriminalität – ebenso
wie das normale Verhalten – in den gedanklichen Vorstellungen des Menschen beginnt, und daß man diese Gedankenwelt verstehen und beeinflussen muß, wenn man der
Kriminalität grundsätzlich vorbeugend und heilend
begegnen will. Auch eine Veränderung im normalen Verhalten muß an dieser Stelle ansetzen. Zwischen der Gedankenwelt eines Kriminellen und der eines normalen Menschen gibt es nur eine fließende Grenze. An der einen Seite
dieses Spektrums befinden sich Menschen, die kaum zur
Kriminalität neigen, und am anderen Ende gibt es die kriminell sehr gefährdeten Verbrechertypen, die wir oben
beschrieben. Dazwischen liegt die Masse der Menschen,
die durch Umwelt und Erziehung mehr oder weniger weit
von der Kriminalität entfernt sind.

Strenge Erziehung der Gedankenwelt von frühester
Jugend an bietet die einzige Methode, kriminell veranlagte
Menschen so zu beeinflussen, daß sie nützliche Glieder der

Gesellschaft werden. Da aber die Grenze zwischen kriminell und nicht kriminell veranlagten Menschen, wie schon gesagt, fließend ist, kann eine falsche oder eine nicht angepaßte gedankliche Erziehung in der Jugend aus an sich kriminell nicht besonders gefährdeten Menschen Verbrecher werden lassen. Die Vernachlässigung der gedanklichen Erziehung der Kinder in einer permissiven Gesellschaft wird einen ständig wachsenden Prozentsatz von jungen Menschen zu Kriminellen werden lassen, die unter strenger Erziehung normale Bürger geworden wären. Liegt hier vielleicht der Grund der ständig steigenden Kriminalität einer zu permissiven Gesellschaft? Gerade dort finden wir heute vermehrt die Erscheinung des Terrorismus vor. Die Liebe und die strenge Erziehung eines geordneten Elternhauses können einen Damm gegen eine solche Entwicklung aufrichten.

Yochelson und Samenov glauben, daß es nur einen Weg gibt, Schwerverbrecher zu erreichen und gedanklich zu verstehen, nämlich alle menschlichen und psychiatrischen Vorurteile fallenzulassen und zu versuchen, unvoreingenommen in die Denkart des Kriminellen einzudringen. Das Ergebnis eines derartigen Versuchs faßten Yochelson und Samenov in ihrem dreibändigen Werk zusammen. Die beiden Psychiater geben darin ihrer Überzeugung Ausdruck, daß Kriminalität eine unmittelbare Folge der Denkirrtümer des Verbrechers ist. Sein Denkvermögen ist verbogen, seine Denkweise pathologisch – durch bewußten, chronischen Mißbrauch derselben vielleicht über Jahre hinweg.

Denkirrtümer bei Kriminellen

Zum deformierten Denken oder den Denkirrtümern bei Kriminellen gehört eine ausgeprägte, gekrümmte Zeitvorstellung. Obwohl sie meist grandiose Pläne für die Zukunft hegen, leben sie doch ganz und gar in der Gegenwart. Ihre raschen Stimmungsschwankungen erwähnten wir bereits – das schnelle Umschalten von brutaler Gewalt auf Sentimentalität. Bei der Vorbereitung von Gewalttaten wird die Angst vor den möglichen Folgen allein *durch Willenskraft* ausgeschaltet. Dabei entwickeln die Kriminellen einen Superoptimismus. Dieses Festhalten an der Gegenwart beim gleichzeitigen Entwickeln von Plänen für die Zukunft erreichen sie, indem sie alle „abstrakten" Gedanken bewußt ausschalten. Eine Krimineller beschrieb einmal diese Fähigkeit, die Reichweite seines Bewußtseins einzuschränken, indem er dieses mit einem Lichtstrahl in einer dunklen Kammer verglich. Der Lichtstrahl sei dünn und scharf abgegrenzt. Nur das, was sich direkt im Lichtstrahl befinde, sei sichtbar. Alles andere sei in der Finsternis der restlichen dunklen Kammer zurückgedrängt und deshalb im Bewußtsein nicht mehr sichtbar, das heißt, nicht mehr wahrnehmbar.

Geht ein Schwerverbrecher in einen Supermarkt, kreisen seine Gedanken sofort um die möglicherweise in der Kasse befindlichen Beträge. Oder er entdeckt Frauen, die er eventuell vergewaltigen könnte. Oder er überlegt, welche Ware er am leichtesten stehlen könnte. Solche kriminellen Gedanken beschäftigen ihn augenblicklich und werden von seinem Verstand verarbeitet.

Allerdings wird nur ein Bruchteil solcher Gedankengänge in die Praxis umgesetzt. Ca. 50 % der getätigten Verbrechen werden der Polizei gemeldet und davon führen wiederum nur 12 % zur Verhaftung. Und weniger als 1,5 % dieser Delikte, die eine Verhaftung nach sich ziehen, werden mit Gefängnis bestraft. Nach Aussagen erfahrener Verbrecher liegen diese Prozentsätze möglicherweise noch etwas tiefer.

Die beiden Psychotherapeuten begegneten den Kriminellen ganz anders als das üblicherweise geschieht. Im allgemeinen versuchen Psychiater durch Mitleid, Einfühlungsvermögen und verständnisvolle Freundlichkeit das Vertrauen des Kriminellen zu gewinnen. Yochelson und Samenov meinen, daß jeder, der auf diese Weise an den Kriminellen herangeht, unweigerlich getäuscht und unbarmherzig betrogen wird. Der chronische Kriminelle sei darauf aus, jeden Menschen – seinen Arzt, seinen Richter, selbst seinen eigenen Rechtsanwalt – hinters Licht zu führen. Yochelson und Samenov lassen deshalb alle höflichen Floskeln und freundschaftlichen Annäherungsversuche dem Patienten gegenüber fallen.

Es kann geschehen, daß der Kriminelle, dem man mit Freundlichkeit und einführenden Worten begegnet, dem Psychiater sogar im Jargon der Psychiatrie antwortet. Er „versteht" oft viel von seiner „Krankheit" und hat von den vielen Beratungen her zum Teil die Sprache des Arztes angenommen. Er versucht, ihm damit zu imponieren und ihn hinters Licht zu führen. Dabei amüsiert er sich vielleicht noch über die Leichtgläubigkeit und Dummheit des Psychiaters, so hat es Yochelson wenigstens während vieler Jahre psychiatrischer Praxis unter NGBRI-Kriminellen festgestellt.

Yochelsons „Approach" (psychologische Annäherungsmethode) ist recht ungewöhnlich. Er konfrontiert seine Patienten rücksichtslos mit ihrer eigenen Persönlichkeit, mit dem ungeschminkten Charakter des Kriminellen, den er vorher genauestens untersucht hat. Er gibt dabei seinen Patienten unmißverständlich zu verstehen, daß er als Arzt vollkommen über sein Gegenüber orientiert ist, und daß Täuschungsmanöver zwecklos sind. Er macht deutlich, daß er nicht mit sich spielen läßt, wie es der Patient mit anderen vielleicht schon getan hat. Er läßt ihn wissen, daß er den Hintergrund seiner Lügen kennt und weiß, daß der Kriminelle notfalls seine besten Freunde verrät. Einzelheiten dieser Art werden bei Gesprächen genauestens zitiert, um den Eindruck des Informiertseins zu unterstreichen. Der „Patient" wird so als Heuchler entlarvt – und erkennt sich selbst als solcher. Gleichzeitig wird dem Kriminellen nachgewiesen, daß er das Verbrecherleben freiwillig gewählt hat, daß sich das einfach nicht abstreiten läßt.

Und dann spricht der Psychiater offen und schonungslos mit dem Patienten über dessen Kindheit – möglichst viele Einzelheiten werden aufgerollt. Man macht dem Kriminellen deutlich, daß er die Liebe und Geduld seiner Eltern mißbrauchte, daß sein Verhalten von Heuchelei und Arroganz bestimmt war. Diese Art Therapie können die meisten Kriminellen nicht lange durchhalten. Sie sind durch politisch links orientierte Parolen zu lange daran gewöhnt gewesen, die kapitalistische Umwelt als schuldig an ihrer ganzen Krankheit anzusehen. Die neue Sicht der Dinge wirkt schockartig, und bald zeigen sich auch entsprechende Symptome. Der Arzt darf auch diese Schockreaktionen nicht ernst nehmen, sonst wendet der Kriminelle sie seinerseits wieder als Täuschungsmanöver gegen den Arzt an.

Yochelson läßt den Kriminellen sein eigenes, wirkliches Wesen erkennen und zerstört damit das Image, das dieser sich selbst seit Jahren vorgegaukelt hat. Das verschlägt dem Verbrecher die Sprache – so wie es die Bibel sagt: Wenn wir vor einem heiligen, liebenden Gott unsere Schuld erkennen, verstummen wir. Der Kriminelle sieht sich jederzeit durchschaut. Die Täuschungsmanöver gegenüber Polizei, Richtern, Psychiatern und der Öffentlichkeit sind zu Ende. Das Doppelspiel ist aus. Der Arzt zwingt den „Patienten" endlich einmal zur Selbsterkenntnis, zur „Eingleisigkeit".

Dabei müssen die Anklagen bis in die Einzelheiten genau stimmen, wenn die Methode zum Ziel führen soll. Die Konfrontation mit sich selbst muß so exakt sein, daß der Kriminelle sich völlig erkannt sieht und weiß, daß er nicht mehr mit Schonung und Nachsicht rechnen kann. Nachdem er jahrelang die Schuld für sein Tun in seiner Umgebung und bei der Gesellschaft suchte, kann der Kriminelle sich jetzt der Erkenntnis nicht mehr entziehen, daß sein eigener Wille ihn zum Verbrecher werden ließ.

Mit dieser „Umwelttheorie" hat auch die Baader-Meinhoff-Bande Polizei, Richter, Gefängnisbehörden und das Publikum getäuscht. Aber selbst wenn eine Gesellschaft viele Mängel aufweist, ist das kein Grund, unschuldige Menschen auf der Straße niederzuschießen oder sie zu entführen und, wie es bei Schleyer geschah, sie nach Wochen qualvoller Haft kaltblütig zu ermorden. Durch diese Art Terrorismus ist die Öffentlichkeit lange irritiert worden. Weil von der politischen Linken entsprechend tendenziöse Parolen verbreitet wurden, manchmal noch wissenschaftlich verbrämt, wurde nicht recht deutlich, daß im Namen einer Ideologie Befreiungsbewegungen vorgetäuscht und gleichzeitig Terroraktionen praktiziert wurden.

Wir müssen neu erkennen, daß vernünftige Liebe und strenge Erziehung, wenn sie schon in früher Jugend zum Tragen kommen, eine hemmende Auswirkung auf die Neigung zur Kriminalität haben. Alle Menschen entwickeln gedankliche Vorstellungen. Und *viele unserer Gedanken sind bewußt böse.* Wenn dem Menschen in der Jugend von der Erziehung her nicht klare Grenzen auferlegt werden, setzt er diese bösen Gedanken im Laufe der Zeit in böse Taten um. *Je permissiver eine Gesellschaft wird, desto mehr Menschen geben auch ihren bösen Gedanken nach und lassen sie zur Entfaltung kommen. Die Grenze zwischen dem kriminellen und dem nichtkriminellen Menschen ist, wie schon mehrfach gesagt, fließend – manche neigen mehr zu bösen Gedanken und Handlungen als andere.* Doch gilt, daß alle Menschen Sünder sind – in Gedanken und Taten. *Ein auf rechte Weise disziplinierter Wille kann die natürliche Neigung zur Verwirklichung krimineller Gedanken in Schach halten. Er kann böse Gedanken beiseite schieben, sie zum Verschwinden bringen. Der Kampf gegen den Terrorismus wird im menschlichen Herzen ausgefochten.* Dazu muß zuerst die wahre Natur dieses menschlichen Herzens und Willens aufgedeckt werden, nämlich daß die Gedanken des Menschen (mehr oder weniger) böse sind. Die heilende Behandlung muß in frühester Jugend im „Ich", im Bewußtsein des Menschen einsetzen. Ohne eine solche Therapie (Habilitation, nicht „Rehabilitation" nach Yochelson) benutzt der Kriminelle seine Haftzeit bloß dazu, sich neue Gewalttätigkeiten auszudenken. Manch einer, der als nichtzurechnungsfähig gilt, macht sich heimlich im Gefängnis darüber lustig.

Wenn also in der oben beschriebenen Weise der Kriminelle gründlich mit sich selbst konfrontiert worden ist, legt ihm der Psychotherapeut drei Wahlmöglichkeiten vor: Erstens: du bleibst, wie und wo du bist ... für immer! Zweitens: du begehst Selbstmord. Oder drittens: du änderst dich gründlich. Samenov betont, daß man bei den meisten Kriminellen ein Stimmungstief abwarten muß, bevor man sie vor diese Wahl stellt. Man muß warten, bis dem Kriminellen das eigene Leben unerträglich geworden ist und er diese Schockbehandlung nicht mehr aushält. Man trifft da manchmal auf unvorstellbar „harte Nüsse", die man nur dann heilen kann, wenn man sie „in die Zange" nimmt.

Nur 30 von allen Patienten Yochelsons hielten mehr als 500 dieser Behandlungen durch. Die Kriminellen, die sich für die dritte Wahlmöglichkeit entschieden, erfuhren dann vom Psychiater, was „sich ändern" praktisch bedeutete, nämlich: Kein Alkohol, kein Sex (außer mit der eigenen

Frau), nichts kaufen, was man nicht ehrlich bezahlen kann, jeden Tag drei weitere Behandlungsstunden und regelmäßig täglich ein ehrliches Tagebuch führen über seine innersten Gedanken. So kommt der Kriminelle der wahren Ursache des Tuns auf die Spur. *Er findet sie in seinen eigenen Gedanken.* Erst danach lernt er, dagegen anzugehen und sie zu überwinden.

Zusammenfassend sei gesagt: Diese Therapie deckt die Vergangenheit des Kriminellen ohne Beschönigung auf. Sie will deutlich machen, wo der Kern des Bösen sitzt, nämlich in den eigenen Gedanken und im eigenen Willen. Sie nimmt dem Kriminellen jede moralische Entschuldigung.

Bis heute haben die Psychiater in neun von dreißig Fällen einen therapeutischen Erfolg aufzuweisen. Das ist bei Schwerverbrechern schon ein beachtliches Ergebnis. Ein gewisser Prozentsatz aller Kriminellen „wächst" mit zunehmendem Alter allmählich aus der Kriminalität heraus. Sie ändern sich also spontan, das heißt, sie kommen gewissermaßen ohne gezielte Therapie zur „Selbsterkenntnis". Der Schockeffekt schien bei vielen eine tiefe Nachwirkung zu hinterlassen, auch dann, wenn die dritte Wahlmöglichkeit angenommen wurde. Ihnen war nun die Möglichkeit entzogen, sich und andere zu täuschen, und ihre Selbstsicherheit und Arroganz ließen nach.

Mängel der Studie

Yochelsons und Samenovs Studie umfaßt allerdings fast ausschließlich farbige Männer. Frauen nahmen nicht daran teil, so daß die Ergebnisse kaum als umfassend angesehen werden dürfen. Auf der anderen Seite ist von Bedeutung, daß kein einziger „Patient", der zur Behandlung kam, wirklich psychotisch war. Die Folgerung aus dieser

Erkenntnis ist überaus weittragend. Wenn Yochelsons Patienten nicht psychotisch waren, besaßen sie einen normalen, freien Willen. Sie waren zurechnungsfähig und hätten deshalb von Rechts wegen die Folgen der Ausübung ihres freien Willens tragen müssen. Sie planten ihre Verbrechen bewußt und führten sie ebenso bewußt aus. In Wirklichkeit waren sie also keineswegs unzurechnungsfähig. Sie waren für ihre Schuld voll verantwortlich. Das heißt, daß die amerikanische Rechtsprechung Schuldige unbestraft läßt, weil sie behauptet, sie seien psychotisch, das heißt, *ohne freien Willen.* Das aber entspricht nicht den Tatsachen.

Diese falsche Diagnose, die Schwerverbrecher vor den Folgen ihrer Willensentscheidungen schützt, muß notwendigerweise zwei Konsequenzen mit sich bringen.

Erstens: Die Kriminellen selbst wissen, daß sie nicht psychotisch, sondern voll zurechnungsfähig sind. Sie machen sich über das Gesetz, die Richter und die Mediziner lustig. So sitzen sie jahrelang hinter Gittern, in eine Kategorie eingeordnet, in die sie nicht gehören. Dieser Umstand erfüllt sie aber auch mit Zorn und Verachtung gegenüber der Gesellschaft. Ihr Gewissen wird weiterhin abgestumpft, falls es noch funktionsfähig ist oder jemals war, und sie empfinden es nicht als Unrecht, wenn sie die Zeit ihrer Haft dazu benutzen, immer neue Verbrechen gegen diese Gesellschaft auszuhecken. Wenn Zorn und Verachtung sich in solchen Menschen jahrelang eingefressen haben, sind sie kaum noch zurechtzubringen.

Zweitens: Die Gesellschaft, die unter diesen kriminellen leidet, wird gezwungen, voll zurechnungsfähige Menschen in langjähriger Haft zu unterhalten. Das kostet viel Geld und bringt tiefgehende Frustrationen mit sich. Diese Methode hilft den Häftlingen keineswegs, sie verdirbt sie nur noch mehr.

Angesichts der geschilderten Tatsachen ist das geistige Klima unter den Gefängniswärtern und anderen, die im Dienst der Gesetzesvollstreckung stehen, oft sehr schlecht. Irgendein Häftling, der wegen Mord (aber als unzurechnungsfähig erklärt) ein Urteil auf lebenslänglich erhielt, kann ohne weiteres einen Wärter brutal ermorden. Dem Häftling kann dabei nichts mehr passieren, das Höchstmaß an „Strafe" ist ja bereits über ihn verhängt. Das heißt, daß die Gefängniswärter solchen kriminellen Häftlingen gegenüber schutzlos sind. Man hat gesehen, wie ungesichert die Situation im Gefängnis in Stuttgart-Stammheim war, als die Baader-Meinhoff-Bande dort inhaftiert war. Die Häftinge hatten so viel Freiheit und die Gefängniswärter so wenig Autorität, daß sie über Radio- und Telefonverbindungen mit der Außenwelt verfügten, und das, obwohl man die Gefährlichkeit und Brutalität der Bande kannte. Sie besaßen auch Schußwaffen und hätten dieselben ohne weiteres gegen die Gefängniswärter benutzen können. Die Gefängnisbehörde war praktisch machtlos in dieser Lage, weil ein Teil der regierenden Politiker die Überzeugung vertrat, daß die kapitalistische Umwelt die Schuld an dieser Misere trüge. Man müsse solchen Menschen einen Weg in die Gesellschaft zurück ermöglichen, und zwar mit Hilfe von moderner Psychiatrie, von Krankenhäusern, Tranquilizern und entsprechendem Pflegepersonal. In Wirklichkeit sind diese in medizinischer Hinsicht voll zurechnungsfähigen Kriminellen in gesellschaftlicher Hinsicht krank, weil sie von Kind auf dazu erzogen oder, besser gesagt, verzogen wurden. *Eine permissive Gesellschaft, die Kinder von frühester Jugend an ohne Disziplin und besonnene Liebe erzog, trägt einen Großteil der Schuld an dieser heutigen verfahrenen Situation.* Man kann natürlich nicht sagen, daß die Umwelt allein die Schuld an der Entwicklung hat, ebenso wenig wie man sie völlig davon freisprechen kann. Die Schuld liegt auf erzieherischer Ebene, nämlich an mangelnder Liebe und mangelnder sinnvoller Strenge.

An dieser Stelle vertreten die Sozialisten eine Halbwahrheit. Umwelt und Gesellschaft erziehen und verziehen und bestimmen damit den Willen des Kindes. Wenn ein Kind weder durch Vorbild noch durch Belehrung lernt, seinen Willen bewußt zum Wohl aller zu gebrauchen, haben Eltern und Erzieher etwas Wesentliches versäumt. In diesem Sinn darf man also mit vollem Recht behaupten, daß die Gesellschaft die Kriminellen in dieser Richtung erzog und sie kriminell „krank" werden ließ. Was man dabei vergißt, ist die Tatsache, daß die Gesellschaft diese Situation nicht allein bestimmte. Das kriminelle Kind ließ sich auch nicht erziehen, wenn die Gelegenheit dazu angeboten wurde, es beeinflußte vielmehr seinen Entwicklungsprozeß aktiv mit, indem es seinen eigenen, asozialen Willen gegen die Gesellschaft durchsetzte. Beide Seiten tragen also Schuld. Eltern und Erzieher hätten mehr Disziplin und mehr vernünftige Liebe aufbringen müssen, um den schwer erziehbaren Willen des Kindes früh erkennbar werden zu lassen und umzuerziehen. Und das Kind hätte sich bewußt erziehen lassen müssen.

Der Kriminelle ist nicht, wie die Sozialisten sagen, ein Opfer seiner kapitalistischen Umwelt. Er ist genauso ein Opfer seines eigenen unerzogenen Willens. Und die Gesellschaft ist ihrerseits nicht ein bedauernswertes Opfer der heutigen Kriminalität. Sie ist vielmehr das Opfer ihrer eigenen Willensschwachheit in bezug auf die Erziehung ihrer Kinder. Mit anderen Worten: Sie ist ein Opfer ihrer eigenen Permissivität.

Nach sozialistischer Aussage ist die kapitalistische Gesellschaft an Kriminalität und Terrorismus schuld. Eine Minderheit der modernen Psychiater glaubt, daß der Kriminelle selbst allein verantwortlich ist. Die Wahrheit liegt zwischen beiden Standpunkten. Wenn man nur eine Seite dieses Problems sieht, bleibt man in einer Halbwahrheit stekken – was oft viel gefährlicher ist als eine leichter zu erkennende direkte Lüge. Das Verworrene dieser Doppelseitigkeit beweist, daß der ganze Bereich Bürger/Gesamtgesellschaft dringend einer geistigen und geistlichen Erneuerung bedarf. Beide Seiten brauchen angesichts ihrer Schuld und ihres Versagens Vergebung und Erneuerung.

Yochelson und Samenov sehen mehr Schuld beim Kriminellen als bei der Gesellschaft. Dieser Standpunkt bringt seine besonderen Gefahren mit sich, wie wir später sehen werden.

Kritik aus der Universität Chicago

Norval Morris, ein Dozent der Universität Chicago, nahm zu Yochelsons und Samenovs Studie Stellung und erklärte, daß man seit den Tagen Lombrosos vergeblich nach der kriminellen Persönlichkeit gesucht habe, und heute setze man diese Suche immer noch fort. Daß man an dieser Stelle bisher umsonst suchte, liegt allerdings auch an einem ungeklärten Verhältnis des einzelnen zur Gesellschaft und umgekehrt. Vielleicht sollte man erst einmal den Begriff der Persönlichkeit genauer bestimmen. Yochelson und Samenov haben gezeigt, daß der Teil der Persönlichkeit, den wir als „Willen” bezeichnen, für kriminelle und asoziale Zwecke mißbraucht werden kann. Wenn man den Willen einer Persönlichkeit beeinflussen könnte, wäre man auf dem Wege, das Kriminalitätsproblem zu lösen. Die Häftlinge, die von Yochelson und Samenov behandelt wurden, besaßen einen unbeschädigten, freien Willen, sie waren nicht psychotisch. Das ist eine wichtige psychiatrische Erkenntnis. Kriminelle, die psychotische Phasen durchlaufen, begehen in diesem Zustand ganz selten irgendwelche verbrecherischen Taten. Dazu kommt es meist erst, wenn der Kriminelle sich wieder in ganz normalem Zustand befindet.

James Q. Wilson von der Harvard Universität bekräftigt obige Aussagen mit dem schlichten, aber vielsagenden Satz, den man vor einigen Jahren noch kaum auszusprechen wagte: *„Böse Menschen* existieren". Bosheit und alle Untugenden verlangen einen freien Willen, sonst wären sie weder das eine noch das andere. Das gleiche gilt natürlich für gute Menschen und für Tugend schlechthin. Wilson wollte damit sagen, daß es Menschen gibt, die körperlich und seelisch vollkommen gesund sind, die aber aus ihrem freien Willen heraus das Böse, das Asoziale, das für sie selbst, die Gesellschaft und die eigene Familie Schädliche und Kriminelle bewußt und überlegt wählen. Wenn das zutrifft – und Yochelson und Samenov bejahen nach langjähriger Erfahrung gerade diese Annahme – dann gibt es nur eine wirksame Methode, gegen Kriminalität anzugehen und diesen Menschen wirklich zu helfen oder (mit Yochelson) sie zu „habilitieren". Man muß an der Wurzel des freien Willens ansetzen, ohne aber die Freiheit dieses Willens zu beeinträchtigen. Man darf diesen freien Willen nie außer Kraft setzen – auch nicht, wenn man versucht, ihn umzuerziehen. Wenn der freie Wille bei der Behandlung beeinträchtigt wird – wie es zum Beispiel bei der Anwendung gewisser Drogen (der Tranquillizer) der Fall sein kann – dann ist der Patient bald kein richtiger Mensch mehr. Der freie Wille ist ein Bestandteil der menschlichen Persönlichkeit und muß sich „freiwillig" unter der Wirkung der Therapie ändern, ohne die Persönlichkeit zu beschädigen.

Hier liegt der Kern des Problems, und hier versagen die meisten Methoden, die bisher angewendet wurden. Die freie Persönlichkeit, der freie Wille müsse ohne therapeutische Beschädigung erneuert werden. Man hat das Wesen des freien Willens oft zu wenig verstanden. Wir wissen nur, daß der freie Wille ein unabdingbar zugehöriger Teil der menschlichen Persönlichkeit ist und daß man schon eine Art Künstler sein muß, wenn man ihn ohne Gewalt erneuern will. Der freie Wille muß umworben werden. Das aber ist nur dort möglich, wo der Wille sich gewinnen läßt – sich vom Guten gewinnen lassen will. Chemische Mittel und Drogen können das grundsätzlich nicht erreichen.

Die Psychiatrie hat bisher beim Kampf um die Änderung des freien, aber bösen Willens fast völlig versagt. Politisch gesehen haben sowohl der linke als auch der rechte politische Flügel die Psychiatrie beeinflußt. Die Linken meinen, daß die Umwelt für die Änderung allein ausschlaggebend ist. (Schafft man eine neue Umwelt, so gewinnt man neue Menschen, das heißt, einen neuen Willen.) Die Rechten meinen, daß Gene, Chromosomen und Zuchtexperimente das Problem des Willens lösen können. Aber keine politische Richtung und keine Ideologie hat die Psychiatrie bis heute einen Erfolg bei der Lösung des Kriminalitätsproblems verzeichnen lassen.

Alexander Solschenizyn führt im Schlußband „Der Archipel Gulag"* auffallende Beispiele der Wechselbeziehung zwischen Umwelt und Willen an, wo es um das Auftreten und die Überwindung verbrecherischer Handlungen geht. Im Lager Kengir führten die Häftlinge einen Aufstand gegen die Lagerverwaltung durch. Sie hatten gewisse Erleichterungen verlangt, und es war ihnen gelungen, das große, weit angelegte Arbeitslager in ihre Gewalt zu bekommen. Eine Zeitlang führten sie nun das Lager selbst. Die Lebensbedingungen besserten sich. Was noch wichtiger für die politischen Häftlinge war: die vielen im Lager vorhandenen Spitzel waren jetzt eingeschüchtert, so daß sie den übrigen Häftlingen das Leben nicht mehr so schwer machen konnten. Bestechung und Spitzeldienste wurden von den

* Buchclub Ex Libris, Zürich 1977, Seite 290-332

politischen Häftlingen gemeinsam mit den kriminellen Insassen abgeschafft. Ein gewisser Lagerfriede trat ein, und alles funktionierte besser als je zuvor.

Die sowjetische Regierung hatte mit schlimmen Entwicklungen gerechnet. Sie hatte eingeplant und erwartet, daß die politischen und kriminellen Häftlinge sich gegenseitig aufreiben würden. Vor der Revolte hatte sie 650 meist kriminelle Häftlinge ins Lager geschickt, die dafür bekannt waren, das Lagerleben unerträglich zu gestalten – sie inszenierten ständige Schlägereien, vergewaltigten Frauen des benachbarten Frauenlagers, führten Spitzeldienste ein und so weiter.

Die politischen Häftlinge durchschauten den Plan des sowjetischen Staates und wußten nun, daß sie sofort zu handeln hatten, wenn das Zusammenleben im Lager nicht schwer belastet werden sollte. Die neuen kriminellen Ankömmlinge wurden von den bisherigen Insassen, die zur Zeit das Lager beherrschten, mit zwei Möglichkeiten konfrontiert: Wenn ihr mit Spitzeldiensten, Schlägereien und Vergewaltigungen der Frauen anfangt, werden wir rigoros gegen euch vorgehen. Ihr werdet keine Chance haben, mit heiler Haut davonzukommen. Dafür werden wir sorgen. Oder aber ihr könnt gemeinsame Sache mit uns machen, und das Lager wird ordentlich, ohne Spitzeldienst, Diebstahl und Vergewaltigungen oder Schlägereien von uns allen geführt. Jedes Verbrechen aber werden wir sofort bestrafen.

Die Kriminellen durchdachten dieses offene Angebot gründlich, wobei ihnen klar wurde, daß es für sie bedeutend besser sei, mitzumachen – auch wenn die Nebenverdienste durch Bespitzelungen und so weiter wegfielen. Daraufhin wurden die Kriminellen genauso behandelt wie die Politischen, die verschiedenen Ämter gerecht verteilt, und das Wunder aller Wunder geschah: die beiden Gruppen der

Häftlinge arbeiteten friedlich zusammen. Die verschiedenen Lagerabteilungen, die immer wie Ghettos voneinander getrennt, verwaltet worden waren, öffneten sich gegeneinander, so daß zum Beispiel die Männer ungehindert ins Frauenlager gehen konnten und die Insassen der Männerlager sich gegenseitig besuchen durften. Diebstähle, Bespitzelungen und Vergewaltigungen hörten auf. Man arbeitete friedlich miteinander. Die Kriminellen waren auf einmal nicht mehr kriminell, sondern verhielten sich wie die anderen nichtkriminellen Häftlinge.

Als die Lagerleitung diese Entwicklung feststellte und den zuständigen staatlichen Stellen meldete, daß die Kriminellen und Politischen sich nicht gegenseitig aufgerieben hätten (wie es geplant war,) entschloß man sich dort, etwas dagegen zu unternehmen. Die dem Staat einzig mögliche Antwort auf Argumente und Tatsachen war, Panzer zu schicken. Man sagte den Häftlingen, daß von Moskau ein Vermittler kommen würde, um wieder geordnete Verhältnisse herzustellen. Er komme in friedlicher Absicht und man solle ihn entsprechend empfangen. Leider glaubten die Häftlinge an die Aufrichtigkeit dieses Angebots von Moskau und stellten sich auf ein Gespräch ein. Statt dessen rückten aber die Panzer ins Lager vor und zerstörten alles. Die meisten Häftlinge – kriminelle und politische – kamen dabei zu Tode oder wurden rücksichtslos verstümmelt.

Es lohnt sich, die Geschichte von Kengir zu lesen. Neben der unvorstellbaren Rücksichtslosigkeit der sowjetischen Lagerregierung gegenüber wehrlosen männlichen und weiblichen Häftlingen läßt sie eindeutig zweierlei erkennen, was für unsere Frage nach der Kriminalität wichtig ist: Kriminelle besitzen ihre eigenen Gesetze und Denkweisen. Wenn die Sexualverbrecher unter ihnen sich entscheiden, aufgrund einer Abmachung mit ihren Feinden keine Frauen mehr zu vergewaltigen, können sie unter

Umständen diesen Vorsatz wenigstens eine Zeitlang einhalten. Die Kriminalität dieser russischen Häftlinge war also bis zu einem gewissen Grad eine *Willenssache.* Sie kamen zu der Überzeugung, daß die Verständigung mit ihren Erzfeinden, den Politischen, ihre einzige Chance war. Sie gingen auf das Angebot ein und waren nun durchaus fähig, mit Menschen zusammenzuarbeiten, die sie plötzlich auf neue Weise kennengelernt hatten und deshalb respektierten. Der Hang zur Kriminalität blieb immer noch im Spiel, doch kam er durch die eigene mißliche Lage bedingt und aus Furcht vor den anderen Häftlingen eine Zeitlang nicht mehr zum Vorschein. Der Wille, der in die strenge Forderung einer gemeinsamen Sache eingespannt war, verschob die fließende Grenze vom kriminellen zum normalen Verhalten.

Ein zusätzlicher Faktor

Bevor wir die Betrachtung dieser Studie von Yochelson und Samenov zu Ende führen, muß erwähnt werden, daß die meisten Kriminellen eine erhöhte Erregungsschwelle aufweisen. Das heißt, daß sie starke Reize brauchen, bevor bei ihnen eine Reaktion erreicht wird und sie befriedigt sind. Sie möchten viel erleben, ständig neue, starke Anregungen haben, sonst wird ihnen das Leben „langweilig”. Ein normales, reizarmes Leben wäre für sie eine Qual.

Wenn diese hohe Reizschwelle genetisch bedingt ist, könnte das die Ursache sein, die entsprechend Veranlagte zur Kriminalität führt. Ein Verbrecherleben bietet solche Anregungen in Fülle. Doch spielt bei der Wahl einer solchen „interessanten” Lebensweise der Wille wiederum eine maßgebliche Rolle. Man wählt, was man verantworten kann. Wenn aber der Wunsch nach Anregung und Aufregung sehr stark ist, wird der Wille leicht davon überwältigt.

Die „Sucht" nach Erregung ist dann mächtiger als der Wille.

Auch hier wird wieder deutlich, daß die Grenzen zwischen dem kriminellen und dem nichtkriminellen Menschen fließend sind. Gewisse Menschen mit einer hohen Reizschwelle brauchen eine wesentlich strengere Erziehung des Willens als andere, damit sie vor der Kriminalität bewahrt bleiben. Der Wille muß durch Erziehung stark und widerstandsfähig gemacht werden, damit er dem Wunsch nach ständiger Anregung nicht nachgibt. Daraus läßt sich ableiten, daß die permissive Gesellschaft, die notwendigerweise zu einer Erschlaffung des Willens führen muß, die Gefahr erhöhter Kriminalität mit sich bringt. Der Wille muß lernen, zum kriminellen Anreiz „nein" zu sagen. Nur Erziehung strengster Art bringt die nötige Stärke des Charakters mit sich, um ein solches „nein" durchhalten zu können. Das gilt besonders für diejenigen, die aus Gründen ihrer Veranlagung in größerer Versuchung sind als andere.

Die Stärkung des Willens spielt also eine besonders wichtige Rolle. Im folgenden Kapitel gehen wir ein wenig auf diesen Aspekt unseres Problems ein.

5

ERZIEHUNG UND WILLE

Yochelsons und Samenovs Erziehung durch strenges Gesetz

Yochelson und Samenov haben der Psychiatrie einen maßgeblichen Dienst geleistet, indem sie ihr die verborgene kriminelle Mentalität aufgedeckt haben. Sie haben schonungslos gezeigt, wie minderwertig diese Mentalität sein kann.
Ihre Arbeit bestätigt das, was zum Beispiel Charles Dickens
vor einem Jahrhundert feststellte. Obwohl Dickens kein
Mediziner war, beobachtete er klinisch sehr genau. Wer
kann die Charakterzüge eines Bill Sykes vergessen, nachdem er einmal die Beschreibung dieses Kriminellen gelesen
hat? Er wies ähnliche Merkmale auf, wie sie bei den Studien
von Yochelson und Samenov zum Vorschein kamen: Brutalität, extreme Schläue, eiskalte Sentimentalität und
Untreue – auch seiner ihm treuen Frau gegenüber, die ihm
vorbehaltlos vertraute. Die Baader-Meinhoff-Bande zeigte
ähnliche Charakterzüge. Ein paar von ihnen wurden in
Rußland am Schwarzen Meer von der Polizei erkannt und
verhaftet. Nach all ihren Verbrechen an unschuldigen Menschen wehrten sie sich entrüstet gegen ihre Festnahme mit
der Begründung, daß sie gerade ihren Urlaub verlebten und
daß es deshalb nicht fair sei, „Soldaten" auf Urlaub zu ver-
haften! Welche Geringschätzung der Polizei, der Öffentlichkeit, der Rechtsprechung und des Richters zeigt sich da!
Vollkommen brutale Menschen verlangen ihrerseits „Fair-
ness" von der Polizei! Damit haben wir wieder den typi-
schen kriminellen Heuchler vor uns.

Diese Charakterzüge kommen bei Kriminellen immer

wieder zum Vorschein – Heuchelei, Geringschätzung anderer, gespielter Zorn und Täuschungsversuche – je nach Situation. Je mehr Spielraum der Rechtsstaat den Kriminellen gibt, und je mehr er auf den Rat seiner ideologisch beeinflußten Psychiater und Politiker hört, desto ungehemmter und rücksichtsloser treten die Kriminellen auf. Erst in letzter Zeit explodierte eine Bombe im Rhein-Main-Postamt, wobei unschuldige Menschen zu Schaden kamen. Die IRA wendet ähnliche Methoden an, um ihren Willen durchzusetzen, und die Mafia in den USA vollbringt Meisterleistungen auf diesem Gebiet. In all dem zeigt sich die Feigheit, die Heuchelei und die Verschlagenheit dieser Kriminellen, genau wie Yochelson und Samenov sie beschreiben.

Gegen eine solche Feigheit (die oft noch mit dem Deckmantel hoher Ideale und eines „heiligen Krieges gegen eine böse Gesellschaft" getarnt wird) gingen die genannten Psychiater mit ihrer besonderen Methode vor, der einzigen, die bisher positive Ergebnisse brachte: Sie konfrontierten den verlogenen Kriminellen mit sich selbst. Sie gaben ihm zu verstehen, daß er durchschaut war und daß sie sich auf keinen Fall noch weiterhin von ihm täuschen ließen.

Die meisten Betroffenen zeigen auf diese von ihnen völlig neue Behandlung hin eine überraschende Reaktion. Die Mehrzahl der Patienten Yochelsons zum Beispiel war einfach sprachlos. So lange hatten sie mit großem Erfolg die Rolle dessen gespielt, der einen berechtigten Zorn auf die Gesellschaft hat. Die Rolle der Terroristen ist immer die der Idealisten, nie sind *sie* gemein, heuchlerisch oder böse. Die Gesellschaft ist es, die nach ihrer Ansicht heuchelt, und selbst ihre schlimmsten, gemeinsten Greueltaten dienten angeblich der Notwendigkeit höherer ideologischer Ziele. Oder aber sie waren das Opfer einer mißlichen Umwelt. Als Stalin einst in Tiflis Bomben unter eine Kutsche warf, wobei Insassen, Passanten und Pferde getötet und verstümmelt wurden, blieb er selbst völlig ruhig: alles Schlimme, alle Schrecken und alle Ungerechtigkeiten geschahen ja im Dienste höchster Ideale. Es ging um die Aufrichtung eines marxistischen Paradieses auf Erden. In Wirklichkeit ist Rußland dadurch zu einem großen Konzentrationslager geworden. Überall, wo Verbrechen benutzt werden, um angeblich hohe Ideale durchzusetzen, erscheinen als Folge immer neue Verbrechen.

Verschiedene Politiker vergangener und heutiger Tage begannen ihre politische Karriere mit ähnlichen Methoden. Man braucht sich deshalb auch nicht zu wundern, daß von ihrer Seite aus – abgesehen von anderen, ähnlichen Stellungnahmen – solche Gewalttätigkeiten bagatellisiert werden. Man denke an Angola, Kuba, Vietnam, Kambodscha und die DDR, die ihre eigenen Leute kaltblütig an der Grenze niederschießen läßt oder sie mit Selbstschußapparaten „erledigt", wenn diese es wagen, ihrem Paradies entfliehen zu wollen. All diese Gemeinheiten geschehen angeblich im Dienst „hoher" Ideale; der Zweck heiligt die Mittel. Ist da nicht eine Ähnlichkeit zu entdecken im Vergleich zu den Methoden der Gestapo und der KZ-Verwaltungen? Zeigen Minenfelder, Selbstschußapparate und ähnliche Einrichtungen nicht die (unaufrichtige) Gesinnung mancher Politiker, die Anhänger oder Sympathisanten jener Systeme sind? Westliche und östliche Politiker fallen darunter und benötigen die Therapie der Selbstkonfrontation. Man fragt sich, wieso besonnene Menschen, die den Sachverhalt kennen, Politiker dieser Art überhaupt ernst nehmen und „Verträge" mit ihnen schließen wollen. Wer die oben beschriebenen Merkmale so deutlich an den Tag legt, wird jegliches Vertrauen, das man ihm entgegenbringt, mißbrauchen. Solche Menschen handeln wie Kriminelle und werden nicht ruhen, bis sie jede gesunde Gesellschaft zugrunde gerichtet haben und ihrerseits beherrschen.

Wir kommen zu unseren Patienten zurück. Sie sind zunächst verblüfft, wenn sie erkennen, daß ihr sorgfältig gepflegtes Lügengespinst, das sie seit ihrer Kindheit aufbauten, auf einmal zerrissen ist. Ohne Maske stehen sie vor ihrem Arzt. Sie sind durchschaut – und wissen das. Je nach Veranlagung passen sie sich nun mehr oder weniger schnell der neuen Situation an. Von Kindheit an haben sie diejenigen gehaßt, die sie liebten und erziehen wollten – Eltern und Erzieher ernteten meist Spott und Abneigung. Das ist auch jetzt die erste Reaktion.

Ein treffendes Beispiel dafür findet man in der Kindheit Bert Brechts, der gerade diejenigen ausnutzte, die ihn liebten und für ihn sorgten. Da aber seine Eltern und Erzieher dieses Spiel nicht durchschauten und dem nicht entgegentraten – sie versuchten, ihn „mit Liebe und Geduld" zu bessern oder zu besänftigen – verstärkte gerade diese nachgiebige Haltung seine Überzeugung, daß man ihn nicht durchschaute und daß er sich durchaus weiterhin auf diese Weise durchsetzen könne, um seine „hohen" (lies egoistischen) Ziele zu erreichen. Wenn ein solches Verhalten von Eltern oder Erziehern von frühester Jugend an geduldet wird, verstärkt sich das asoziale Verhalten eines schwererziehbaren Kindes, wobei die Schuld bei den Eltern und Erziehern liegt. Sie hätten alle gerechten Mittel anwenden müssen, das schwierige Kind von diesem Verhalten abzubringen. „Spare the rod and spoil the child" (Zurückhaltung mit der Rute verdirbt das Kind) ist ein englisches Sprichwort, das viel Wahrheit enthält. Doch sollten diejenigen, die die Rute verwalten, selbst gerechte, liebende, treue, verständige, einsichtige Menschen sein, die nicht aus Haß oder Zorn strafen, sondern das Amt der Erziehung mit viel Weisheit vor Gott verwalten. Solche Weisheit verlangt bedeutend mehr Charakterstärke, als nur zu einer permissiven Gesellschaft zu gehören, die sich um nichts kümmert. Manche Kinder brauchen Strenge und sind nicht glücklich, bis sie sie fühlen. Andere benötigen nur ein Wort oder einen Blick, sie wissen von sich aus, was sich geziemt.

Je chronischer ein kriminelles, asoziales Verhalten bereits geworden ist, desto schwerer läßt es sich abändern. Wenn ein Kind einmal gelernt hat, daß es regelmäßig durch hartnäckiges Nörgeln, Schreien, durch Drohungen und Gewalttat schließlich doch seinen Willen bekommt, wird es diese Methode ständig anwenden. Bert Brecht ist wiederum ein klassisches Beispiel für diese Erscheinung. Schon früh begriff er, daß er durch Drohungen und Szenen seine Mutter zur Nachgiebigkeit bewegen konnte. Er war ein sehr aktives Kind. Das normale Leben war ihm zu langweilig. Gerade an diesem Punkt beging seine Mutter einen schweren Erziehungsfehler. *Sie verwechselte diesen Charakterzug ihres Sohnes mit einer genialen Veranlagung, so daß sie ihn schließlich fast anbetete und ihm alles erlaubte.* In diesem Fall verkörperte die Mutter die permissive Gesellschaft. Sehr früh begann Bert Brecht, Mädchen zu verführen, und faßte das als ganz normales Verhalten auf. In vielen deutschen Schulen sieht man im Sexualunterricht ebenfalls sexuelle Beziehungen zwischen 15-jährigen als etwas völlig Normales an. Nach dem Plan Bert Brechts sollte Geschlechtsverkehr in höheren Klassen als akademische Belohnung angesehen werden und in besonderen Schulräumen durchgeführt werden dürfen. In der Weise äußerte sich Bert Brecht zu diesem Thema. Und wenn die Leistung dem nicht entspricht? Was man haben will, muß man sich notfalls mit Gewalt oder List nehmen.

So wird der Boden bereitet für die spätere Beherrschung eines ganzes Volkes durch einen gewalttätigen Marxismus. Um diesen Vorfall als bereits in der Entwicklung befindlich zu erkennen, braucht man nur Bert Brechts „Baal" zu lesen. Einige Kritiker sind der Meinung, daß sich Brecht im „Baal" selbst darstellt. Auch „Die Maßnahme" bestätigt diese Sicht seiner charakterlichen Entwicklung. Brecht verbietet darin jegliche Art von Barmherzigkeit gegenüber den „gefallenen" Revolutionären. Wo die „hohen" Ideale der marxistischen Partei verwirklicht werden sollen, darf auch gemordet werden. Das charakterliche Bild Brechts paßt fast lückenlos in das Yochelsonsche Bild des Kriminellen. Brechts Verhalten vor dem Gericht in den USA, das ihn auf seine marxistische Ideologie befragte, bestätigt diese Tatsache. Brecht machte sich über die gutgläubigen amerikanischen Richter einfach lustig.

Glücklicherweise sind nicht alle Kinder krankhaft aktiv. Sie sind auch nicht alle so lieblos wie das kriminelle Kind. Die Mehrzahl der Kinder reagiert herzlich auf elterliche Liebe – auch auf strenge elterliche Erziehung, solange sie gerecht ist. Solche Kinder sind nicht „schwer erziehbar", ihre Veranlagung ist niemals die des schwer erziehbaren kriminellen Kindes gewesen. Leider ist aber die Grenze zwischen diesen beiden Arten von Kindern nicht scharf, sondern verwischt und fließend. Da braucht das Kind, das sich beim Kriminalitätsspektrum auf der Seite starker Gefährdung befindet, eine ganz andere Erziehung als das Kind, das auf Liebe und Güte normal reagiert. Doch kann man, wie gesagt, diese Verhaltensbereiche nicht scharf gegeneinander abgrenzen, sie gehen ineinander über. Das Kind, das etwas mehr Strenge als ein „normales" Kind braucht, wird sich weniger leicht kriminell entwickeln, wenn es so früh wie möglich durch Liebe und Strenge die nötige Korrektur erhält. Wenn das gleiche Kind aber nachgiebig erzogen wird, ohne eine solche Korrektur, besteht die Gefahr, daß sich eine asoziale Neigung durchsetzt.

Es gibt zwar keine nachweislichen Versuche, die diese Vermutungen erhärten – aus ethischen Gründen darf man auf diesem Gebiet keine Experimente durchführen –, untersucht man aber die Kriminalitätsstatistiken, paßt obige Annahme der Beeinflussung solcher Veranlagungen durch korrigierende Erziehung in das gesellschaftliche Erscheinungsbild, das sich überall darstellt.

Yochelson und Samenov haben einen gewissen Erfolg mit ihrer Methode gehabt. Man muß allerdings berücksichtigen, daß sie am äußersten, ungünstigsten, hoffnungslosesten Ende des kriminellen Verhaltensbereiches gearbeitet haben. Sie hatten nur Farbige vor sich, Männer, die seit Generationen in recht ungünstiger familiärer Umwelt gelebt hatten. Man müßte mit der gleichen Methode an Kindern arbeiten, die noch elastischer und lenkbarer sind. Der günstigste Bereich, eine Bestätigung für die Richtigkeit der Annahme zu gewinnen, wäre natürlich in Familien zu finden, die man dann über Generationen hinweg untersuchen müßte. Die Ergebnisse einer permissiven Erziehung einer zwar liebenden, aber „altmodisch" strengen Erziehung müßten verglichen werden. Die allgemeine Erfahrung bestätigt, daß weniger Schwierigkeiten in Familien zu finden sind, die eine liebende, aber zur gleichen Zeit strenge Disziplin üben. Zahlen lassen sich hier nicht anführen.

Weitere Vorschläge zu Yochelsons und Samenovs Erziehung

Yochelson und Samenov hatten bei ihrer Therapie ein großes Ziel vor Augen: der Kriminelle sollte zu der Einsicht gelangen, daß sein verbrecherisches Tun aus seinen eigenen Gedanken, aus seinem eigenen Herzen und Willen herrührte. Jeder unerlaubte kriminelle Gedanke im Herzen oder in der Vorstellungswelt mußte deshalb durch ehrliche Tagebuchführung festgehalten und dann ausgeräumt, im Keim erstickt werden. Diese Methode wurde täglich angewandt und zwar so unerbittlich, daß nur wenige der Patienten sie durchhalten konnten.

Sicher ist diese Therapie als Beginn einer helfenden Maßnahme richtig. Selbst die Bibel, die leider von der Psychiatrie
her gesehen als überholt gilt, lehrt ähnliches: „Somit ist das
Gesetz ein *Zuchtmeister* für uns geworden, um uns zu Christus zu führen ..." (Galater 3, 24) und „Denn durch *das
Gesetz* kommt die Erkenntnis der Sünde" (Römer 3, 20).
Hinter diesen Aussagen steht eine einfache Wahrheit: Man
kann nicht wissen, daß man ein Sünder (oder ein Krimineller
ler) ist, wenn es keinen Maßstab (kein Gesetz) gibt, woran
man sich messen kann. Deshalb zeigt uns das Gesetz
(Moses) Gottes Maßstab, mit seiner Hilfe können wir wissen, was Gott von uns erwartet. Nehmen wir dieses Gesetz
ernst, dann wird uns sehr schnell klar, daß wir Gottes Maßstab nicht genügen und deshalb unter seinem Urteil stehen.
Das Wissen, das uns das Gesetz vermittelt, bringt uns zu der
Erkenntnis, das wir Sünder sind, die Vergebung Gottes und
deshalb einen Heiland brauchen. Die heutige Verkündi-
gung des christlichen Evangeliums, der leider oft die Ver-
kündigung der Gebote Gottes fehlt, bringt es häufig mit
sich, daß Menschen Gott begegnen wollen, ohne sich als
Sünder erkannt zu haben. Irgendeine nette Musikvorfüh-
rung (so wertvoll diese auch sein mögen) bewirkt eine
gefühlsmäßige Reaktion. Und dann sind Gefühle statt
Erkenntnis und Überzeugung der Anlaß des Versuchs, sich
Gott zu nähern. Gefühle halten aber nicht sehr lange an,
und wenn sie verebben, ist man nicht mehr davon überzeugt, einen Heiland zu brauchen, weil man in Wirklichkeit
nie klar erkannt hat, daß man ein Sünder ist.

So wirkt das Gesetz als Lehrer oder „Schulmeister" (wie
die englische Übersetzung lautet). Es bringt uns vor allen
Dingen zur Selbsterkenntnis. Genau solch eine Selbsterkenntnis wollten Yochelson und Samenov durch ihre
strenge Methode erreichen. Und gerade an diesem Punkt
blieben sie auf halbem Weg stecken. Das Gesetz allein

besitzt nicht die Kraft, den Willen und das Herz eines Menschen von innen her zu erneuern. *Es kann ihn zwar zur Selbsterkenntnis bringen, hat aber an sich keine verändernde Kraft im Blick auf die Person und den Willen eines Menschen.* Erst wenn der Mensch sich vor Gott und seinem Gesetz als schuldig erkennt und zur gleichen Zeit das Wissen darum empfängt, daß der Gott des Gesetzes den Sünder und Übertreter des Gesetzes trotzdem liebt, erst dann wirkt sich die Kraft dieser gerechten Liebe Gottes sichtbar aus. Der gleiche Gott, der uns verkündigte, daß der „Sünde Sold der Tod ist ...", starb selbst aus Liebe zu dem verurteilten Menschen, um ihn vor eben diesem Tod zu retten – der unbarmherzige Richter ist zur gleichen Zeit der barmherzige Heiland. Das Gesetz bringt zur Selbsterkenntnis, verdammt und verurteilt uns – das Evangelium Jesu Christi zeigt uns seine Liebe, die uns rettet, ändert und erneuert. Das Gesetz weckt das Verlangen nach Gnade. Der Wunsch nach Gnade kommt gar nicht auf, solange der Mensch nicht von seiner Schuld überzeugt ist.

Yochelson und Samenov haben ihre Kriminellen sich als Schuldige erkennen lassen, deren Versteckspiel aufgehört hat. So konnten sie nun die Schuld nicht mehr auf Gesellschaft und Umwelt abwälzen. Sie haben außerdem die Tatsache nachgewiesen, daß die eigentliche Wurzel der Kriminalität im Herzen und im Willen des Menschen liegt. Mit Recht sagen sie, daß Erkenntnis und Heilung deshalb auch an dieser Stelle – im Willen – ansetzen müssen. Sie bedienten sich, um dieses Ziel zu erreichen, der ganzen Härte des Gesetzes. Das Gesetz ist zwar hart und erbarmungslos, doch es hat gleichzeitig eine erziehende Funktion. So sollten in unserer permissiven Gesellschaft auch Lehrer und Erzieher wieder mehr Einfluß gewinnen. Die beiden Psychiater übersehen bei ihren Untersuchungen, daß zur Unbedingtheit und Härte des Gesetzes die Kraft der

Liebe hinzukommen muß, der Liebe Gottes zum Sünder und der Liebe von Eltern und Erziehern zu den ihnen Anvertrauten. Das Gesetz beginnt den Prozeß der Verwandlung im Herzen des Menschen – das Erkennen des Schuldigseins. Das Evangelium von der Vergebung und Liebe Gottes *führt den vom Gesetz begonnenen Prozeß zur Vollendung.* Das Zusammenwirken von beiden erneuert den Menschen von innen her. Erst mit der Liebe empfängt der Mensch die Kraft, aufgrund der Vergebung mit einem neuen Willen zu leben. Die zweite Hälfte dieses Verwandlungsvorganges wurde von Yochelson und Samenov nicht gesehen. Vielleicht liegt da der Grund dafür, daß sie nicht mehr Erfolg hatten bei ihren Bemühungen.

Charles W. Colson*, der berüchtigte „Henker des Weißen Hauses" unter der Präsidentschaft Richard Nixons, war der Ränkeschmied mancher Taten, über die er dann unerwünschte Politiker stolpern ließ. Da er ein begabter Rechtsanwalt war, verstand er sein Geschäft recht gut. Als der Fall „Watergate" aufgerollt wurde, in den er verwickelt war, erkannte er eines Tages sein Tun im Lichte Gottes. Es wurde ihm klar, daß er im tiefsten Grunde nicht Nixon verantwortlich war, sondern Gott. In seinem Gewissen fühlte er sich schuldig gesprochen, noch bevor sein Prozeß abrollte. Es wurde ihm klar, daß er sich öffentlich zu dieser Schuld stellen, sie bekennen und die Folgen persönlich auf sich nehmen mußte. Seine Freunde hielten ihn deshalb für überspannt. Doch er blieb dabei, daß er auf Selbstverteidigung verzichten und lieber öffentlich zu der von ihm erkannten Schuld stehen wolle. Er wurde daraufhin vom Gericht verurteilt und verbüßte eine Gefängnisstrafe. Zur Zeit als die Ermittlungen noch liefen, hatte ein Freund Colson deutlich gemacht, daß Christus nicht nur sein Richter, sondern gleichzeitig sein Retter sei. Angesichts seiner Schuld war das für ihn eine überwältigende Erkenntnis. Tiefe Dankbar-

* Charles W. Colson, Born again, 1976, Revell Company, Old Tappan N.J. USA

keit und Liebe zu einem solchen Gott erwachten in ihm. Das Erkennen göttlicher Gerechtigkeit hatte ihm seine Schuld bewußt gemacht, ihn gedemütigt und seine natürliche Arroganz zerschlagen. In diesem Zustand erfuhr er, daß sein gerechter Richter ihn so sehr liebte, daß er für ihn die Strafe des Todes auf sich nahm. Gesetz und Liebe machten gemeinsam Colson zu einem neuen Menschen mit einem neuen Willen. Heute widmet er Zeit und Kraft einer ganz anderen Tätigkeit: er kümmert sich um die Insassen von Strafanstalten. Nachdem er selbst Häftling war, versteht er sie in ihrer Situation und mit ihren Problemen besonders gut. Und bei diesem Tun erfährt er gemeinsam mit den Häftlingen immer wieder die verwandelnde Kraft von Gesetz und Liebe Gottes, das, was Christen eine Wiedergeburt nennen. Sie werden neue Menschen mit einem neuen Willen, wie Colson es selbst geworden ist.

Wenn Menschen unter diese doppelte Wirkung geraten, wenn sie die Kraft des Gesetzes und die Kraft der Liebe erfahren, dann entsteht der neue Mensch, der in der Lage ist, dem heutigen Terrorismus, dem Kommunismus und der bürokratischen Diktatur des Wohlfahrtstaates zu begegnen. Ohne Gesetz, in einer nur noch permissiven Gesellschaft, wird unsere Kultur bald zugrunde gehen. Durch Gottes Gesetz und Gottes Liebe – es gehört unbedingt beides dazu – kann eine Nation durch eine einzige Generation erneuert werden. Auf diese Weise haben die Wesleys England vor dem bewahrt, was sich in Frankreich während der Revolution abspielte, das heißt, vor Anarchie und Blutvergießen. Wie der Schrecken dieser Revolution Frankreich auf lange Zeit hinaus verwüstete, so wird der heutige Terrorismus unsere Kultur verderben, wenn nichts dagegen geschieht. Auf die gleiche Weise bewahrte Whitefield die damaligen amerikanischen Kolonien vor den Einflüssen der französischen Revolution und einem Aufruhr aufgrund des bitteren Unrechts, das ihnen von England geschah. Es geht heute um eine Revolution aus dem Geist des Gesetzes und dem Geist der Liebe Gottes. Eine geistige und geistliche Erneuerung, wie sie die angelsächsischen Länder unter Wesley und Whitefield erlebten, hat Europa noch nie so erfahren. Wenn eine *solche* Revolution in Mitteleuropa zustandekäme, sähe es bald anders aus. Dieser Abschnitt der angelsächsischen Geschichte wird in europäischen Schulen vielfach übersehen oder mißdeutet. Doch weist er uns den direkten Weg zur Überwindung des heutigen Terrorismus und der heutigen Anarchie mitten in unserer recht wankend gewordenen europäischen Kultur.

Will man diese geschichtliche Entwicklung einmal näher betrachten, dann wäre das Buch „England before and after Wesley"* (England vor und nach Wesley) eine gute Hilfe dabei. Die von Wesley und Whitefield ausgelöste geistliche Erneuerung ihres Landes verhinderte ähnliche blutige Aufstände, wie sie in Frankreich während der Revolution stattgefunden hatten, und schuf gleichzeitig bessere soziale Verhältnisse, so daß die ganze Gesellschaft sich positiv veränderte. Eine solche Erneuerung könnte auch unsere Generation vor einer blutigen Auseinandersetzung retten. Bewaffneter Widerstand ist keine echte Hilfe gegenüber Terrorismus, er provoziert nur neue Gewalttätigkeit. Nur die Erneuerung der Gedankenwelt und die Korrektur unserer Denkirrtümer (wie Yochelson und Samenov es ausdrükken) können uns zu einer Korrektur unserer gesellschaftlichen Zielsetzungen und unseres Verhaltens in Politik, Wirtschaft und Erziehung führen. Ohne diese Korrektur aber bleibt uns lediglich Yochelsons zweite Wahlmöglichkeit: internationaler Selbstmord! Das dürfte heute wohl den meisten denkenden Menschen klar sein.

* England before and after Wesley
The Evangelical Revival and Social Reform by J. Wesley Bready Ph. D., University of London, Hodder and Stoughton Ltd., London, The Religious Book Club, 1948